L'Atelier

Création de logos et de chartes graphiques

Dans la même collection

D. ICHBIAH. – **Cubase SX.**
N°25484, 2003, 160 pages.

S. BAILLY. – **Bien écrire pour le Web.**
N°25485, 2003, 160 pages.

J.-P. MESTERS. – **Macros et VBA pour Word 2000 et 2002.**
N°25478, 2003, 160 pages.

S. HOFFMAN. – **HTML 4.**
N°25474, 2003, 160 pages.

P. COLLIGNON. – **Excel 2000 et 2002.**
N°25471, 2003, 160 pages.

M. MENNIG POMBEIRO. – **Les moteurs de recherche.**
N°25470, 2003, 160 pages.

M. SURET-CANALE. – **Photoshop 7.0 pour le Web.**
N°25463, 2003, 160 pages.

J.-P. MESTERS. – **JavaScript.**
N°11201, 2003, 160 pages.

Jean Paternotte

L'Atelier

Création de logos et de chartes graphiques

Méthode de travail et de création

OEM
EYROLLES

Éditions OEM-Eyrolles
61, Bld Saint-Germain
75240 Paris Cedex 05
www.editions-eyrolles.com

Direction de la collection « L'Atelier » : gheorghi@grigorieff.com
Maquette : M2M - dculot@m2m.be
Mise en page : ASTRAL - astral@skynet.be
Correction : Johan Rinchart

Mes remerciements vont à Pascale Szonyi, Luc Vanmalderen et Claude Katz pour leur sympathique et précieuse collaboration à cet ouvrage.
Jean Paternotte - Auteur

Sommaire

Avant-propos

Ce manuel est destiné à tout créateur graphique en herbe désirant se perfectionner dans l'élaboration d'un logo et dans l'analyse de sa méthode de travail. Si l'élaboration d'un logo semble *simple* à priori, elle est pourtant complexe et émane de réflexes *conditionnés* à la force du poignet et du regard, c'est-à-dire, par le travail et par l'ouverture d'esprit.

Certes, pour créer un logo il faut une certaine aptitude au dessin et un talent graphique inné qui permette de saisir instinctivement une proportion ou une tonalité, mais ce n'est pas tout. Comme tout grand champion de tennis, avoir le coup de raquette de manière innée n'est pas suffisant, il faut le travailler assidûment et sans relâche pour atteindre le meilleur niveau. La création d'un logo est un travail intellectuel et sensible qui suit cette logique de l'entraînement journalier par un ressourcement culturel constant, par la connaissance des techniques de production sans cesse en évolution et par une autocritique régulière de sa méthode de travail et de son propre processus de création.

Le travail autour du logo est aussi, et avant tout un travail d'écoute. Écoute des attentes du client, écoute de ce qu'il est et de qu'il veut donner à voir de lui-même. Le logo n'est en effet jamais que la visualisation d'une entreprise comme le client désire qu'elle soit. Le graphiste doit donc pouvoir mettre un bémol à ses propres envies, pour se mettre à l'écoute des besoins du client, tout en restant le garant du bon goût et de la cohérence.

Le monde évolue, les modes passent, de nouvelles tendances se créent puis s'essoufflent, disparaissent, voire se fusionnent ; ce foisonnement culturel et intellectuel ne peut pas laisser un graphiste indifférent sous peine de ronronner seul dans son coin en glissant lentement vers un décrochage annoncé. Le graphiste est donc un homme de métier en perpétuel mouvement, comme le sont les multiples rouages qui additionnent leurs forces afin de permettre au logo de *fonctionner*.

Ce manuel, qui définit la méthode de travail en vue de la création d'un logo, n'équivaut absolument pas à une formation de graphiste enseignée dans les établissements spécialisés. Ce livre est une synthèse d'un processus de travail propre à l'élaboration d'un logo, couché sur le papier. Il est clair que la création d'un logo n'est qu'une des multiples facettes du potentiel créatif d'un graphiste. La définition et l'explication même du métier de graphiste n'est donc pas le propos de ce manuel.

Au-delà de l'exposé de la méthodologie de travail que représente la création et la réalisation pratique d'un logo professionnel, ce manuel aborde certains domaines tant culturels que techniques qui sont le terreau et les contraintes indispensables à l'éclosion d'une création sans limites. Ce terreau culturel doit, comme toute terre, constamment être enrichi par l'apport continuel de nouvelles images et sensations captées par un regard assoiffé de découvertes et d'analyses.

La première question souvent posée par le demandeur (un client) pour la création d'un logo paraît simple à ses yeux, « Dessinez-moi un petit dessin... » La réponse est bien plus complexe.

Un demandeur s'imagine difficilement la multitude d'informations, de documentations, de connaissances techniques, culturelles et pratiques qu'engendre l'élaboration de ce "petit dessin". Non, la création et la production d'un logo n'est pas chose aisée, elle émane d'un long processus. Ce manuel est destiné à mettre à plat l'ensemble de cette procédure afin de pouvoir répondre le mieux et le plus rapidement possible à l'attente d'un demandeur.

Dans le cadre de ce manuel, la méthodologie de travail sera détaillée par rapport à la création d'un logo destiné à une entreprise (une société). Le processus de création et le cheminement de l'évolution du projet est identique pour tout autre secteur d'application.

Communiquer est bien le maître mot, aussi ce manuel évitera tant que faire ce peut, d'être un recueil au long cours.

L'Atelier

Création de logos et de chartes graphiques

Qu'est-ce qu'un logo ?

1

Qu'est-ce qu'un logo ?

« Le logo destiné à la communication de l'entreprise est une rationalisation visuelle du langage parlé »

L'OBJECTIF

Définir le contexte de vie du logo.

Le logo est une synthèse visuelle du langage parlé représentant une activité ou un bien.

Derrière cette phrase très succincte, se cache une quantité de paramètres différents permettant de définir plus finement la portée d'un logo, sa raison d'être, ce qu'il divulgue comme message et les personnes qu'il concerne et représente. Le logo est un *porte-drapeau*.

Le logo, porte-drapeau

NB :
Vous trouverez une série d'exemples de logos commentés dans le chapitre 8.

SOLUTION La définition du logo est large, ce chapitre va permettre d'en définir sa portée.

Les éléments constitutifs du logo :

1 – Graphisme rassembleur

Élément visuel de synthèse par excellence, le logo est un graphisme rassembleur qui véhicule un dynamisme, un professionnalisme, l'appartenance à un groupe d'hommes, l'appartenance à une classe sociale, à une entité ou à un pays. Un même logo peut rassembler plusieurs de ces éléments.

2 – Communiquer l'image de marque

- Le but in fine du logo est de communiquer. Seule une étude préalable approfondie de l'activité du demandeur (le client) permet de développer un logo qui communique justement. Cette étude se nomme le cahier des charges, colonne vertébrale de la création du logo et de l'identité visuelle globale de l'entreprise. Créer un logo *juste* c'est parvenir à créer un langage visuel qui permette au demandeur de se distinguer de l'ensemble des visuels présents dans son secteur d'activité.

- Le logo est un élément essentiel dans la construction d'une image forte. Celle-ci est en fait l'ensemble des représentations spontanées que l'on se fait à la vue d'une entreprise. Représentations qui se fondent sur une série de caractéristiques objectives, concrètes (locaux, accueil, le logo...).

Un métallo en plein concert

SUITE

- Le message que délivre le logo doit être précis, simple visuellement, sans ambiguïté, très rapide à lire, ancré dans son secteur d'ap-plication et facilement mémorisable (cela en fait des choses à respecter !).
  Les secteurs d'activité d'une entreprise peuvent être variés : secteur industriel, les loisirs, le sport, la culture, le secteur social, l'enseignement, les biens de consommation, la coopération internationale, le secteur scientifique, la politique... autant de secteurs qui orienteront la création du logo.

  Par exemple, un logo destiné à une industrie produisant des tôles d'acier aura un style visuel fort différent d'un logo créé pour le quartet de musique de chambre de la municipalité.

- L'ensemble des services et des valeurs morales d'une entreprise doit également être soutenu par le logo, comme la valeur humaine, de bien-être matériel, la valeur d'accueil, l'organisation et la propreté des lieux de travail. Le logo représente une entité, une image globale, à ce titre, il représente un enjeu essentiel pour l'entreprise.

3 – Un levier commercial indispensable

- En matière de création, le logo sera constitué d'éléments graphiques, numériques ou alphabétiques, voire une combinaison de deux ou trois de ces vecteurs de création.

  Pour cibler le type de création à développer, il faut s'appuyer sur le cahier des charges dont la procédure de réalisation est détaillée dans le chapitre 3 intitulé *Le processus de création d'un logo passé au peigne fin*.

- Le logo est un levier commercial incontournable. Un logo bien soutenu et relayé par les médias écrits, radios, télévisés, cinéma et Internet démultiplie les ventes des produits qu'il représente.

- Le logo doit donner naissance à une référence visuelle du produit. Il est bien de pouvoir reconnaître un produit par son logo, même fragmenté.

- Le logo standardise l'image d'une entreprise pour le regard extérieur.

4 – Dépasser les effets de mode

La longévité d'un logo doit être assurée en dehors de tout effet de mode, le logo doit braver le temps, même si un lifting décennal est tolérable. Toutefois un logo peut être développé pour un emploi spécifique comme pour une série limitée de produits ou pour un emploi délimité dans le temps comme pour un spectacle de théâtre.

5 – L'image visuelle globale

Le logo ne vit pas seul, il est généralement l'image clef qui est soumise à une série de déclinaisons. Ces déclinaisons vont véhiculer le logo et donc l'image sous différentes formes. L'ensemble de ces représentations porte le nom d'image visuelle globale. Cette image visuelle globale représente une ligne graphique propre qui est transmise via différents supports comme les cartes de visite, le papier à lettres, l'emballage des produits, les affiches, le site Internet, les panneaux publicitaires, les enseignes, la signalétique interne, les cadeaux d'entreprise, les vêtements du personnel (de réception, de manutention), l'architecture d'intérieure (mobilier de bureau, couleur des murs...), l'architecture du bâtiment, le visuel du charroi, le fléchage des lieux... bref, tous les supports qui sont visibles aussi bien à l'intérieur qu'à l'extérieur d'une entreprise et qui donnent une unité, une cohérence, une perception globale de l'entité.

Le travail de création du logo consiste, à partir du cahier des charges établi avec le client, de trouver l'étincelle, l'idée qui identifiera le client en donnant au logo un sens propre, sensible et efficace, différent des logos existants dans les secteurs d'activités définis.

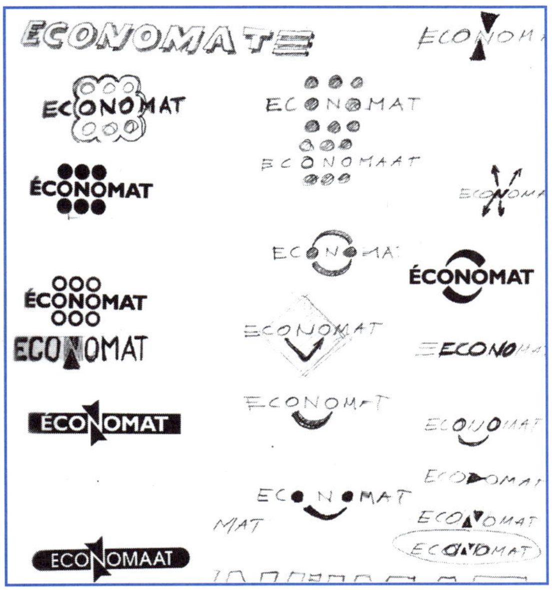

Recherche de l'étincelle qui identifiera le client

L'Atelier

Création de logos et de chartes graphiques

La grande famille des logos

2

La grande famille des logos

L'OBJECTIF

Définir les six classifications de logos.

Le mot logo, contraction du mot *logotype*, est entré dans notre vocabulaire commun comme représentation graphique d'un objet, d'un service, d'une action, d'une entité ou d'un groupement d'individus. C'est devenu la synthèse assez large d'une représentation de choses ou d'actions. Aussi est-il intéressant de différencier cette grande famille des logos.

Beaucoup de classifications des logos ont vu le jour, celles-ci ont comme unique but de simplifier et de clarifier une vue d'ensemble. Certains graphistes reconnus considèrent que tout logo n'est qu'un symbole, un signe et qu'il n'est pas logique de les classifier ; d'autres nomment ces classifications différemment... Aucune position commune de standardisation ne régit cette matière actuellement. La tendance, est au contraire, de dépasser ces clivages pour faire exploser les barrières établies. Tout peut devenir un logo..., enfin presque tout. Toujours est-il qu'afin de faciliter la compréhension des différents champs de création, il est bien pratique de les classer en six catégories différentes. Il faut cependant garder à l'esprit que ces classifications proposées ici ne sont pas uniques ni définitivement arrêtées.

Solution

Pour classifier aisément les logos, il est intéressant d'identifier les six catégories qui les particularisent suivant leurs avantages et leurs inconvénients d'utilisation.

Classification des logos :

1 – Le pictogramme
2 – Le symbole universel
3 – Le symbole particulier
4 – Le lettrage
5 – Le lettrage déformé
6 – La combinaison

En règle générale, les logos sont avant tout des images ou des combinaisons de lettrages et d'images dont le graphisme fait référence à l'activité ou au produit de l'entreprise qu'il représente. Suivant les besoins de diffusion de l'entreprise, vous pouvez proposer au client un logo plus axé sur une représentation typographique ou plus axé sur une représentation graphique uniquement.

Seul, le cahier des charges déterminera le type de logo nécessaire à la représentation de l'entreprise.

Il faut cependant savoir que la diffusion d'un *symbole* demandera un battage médiatique plus soutenu que la diffusion d'un *lettrage déformé* bien plus compréhensible ou qu'un logo *combiné* puisque ces derniers sont des représentations qui restent facilement gravées dans la mémoire collective.

Moins le logo est représentatif, que ce soit un *pictogramme* ou un *lettrage*, plus l'investissement matériel et financier devra être important pour faire connaître le logo au grand public.

Plus l'image est représentative de l'activité de l'entreprise, mieux elle sera assimilée par la mémoire collective. Un excellent exemple est le logo NIKE qui a récemment perdu sa typographie pour ne garder que le graphisme en

SUITE

forme de *virgule* qui soulignait autrefois la typographie, sorte de coup de fouet apportant un certain dynamisme au logo. Les investissements financiers pour soutenir ce changement ont été colossaux et une campagne de diffusion mondiale était incontournable au profit d'une image plus simple, plus légère et plus dynamique. À vous et à votre client de voir si le jeu en vaut la chandelle.

Pour plus de clarté dans la distinction de ces classifications, chacune est détaillée ci-dessous avec une brève explication des avantages et des inconvénients de son utilisation.

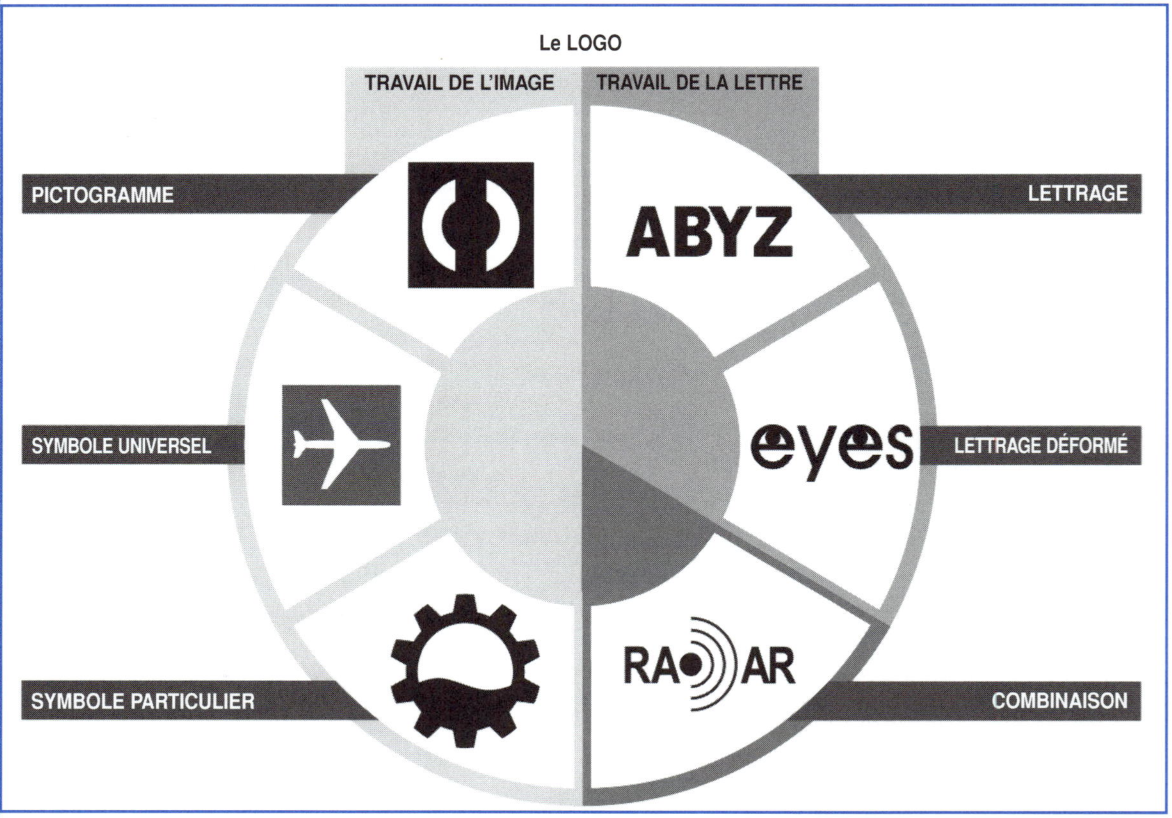

Les six classifications du logo rassemblées en trois classes : le travail de l'image, le travail de la lettre et la combinaison des deux premières classes

1 – Le pictogramme

Le *pictogramme*, appelé également *picto*, est une représentation graphique totalement abstraite. Son emploi est généralement réservé à un usage interne à une entreprise, sorte de code de lecture propre à une entité ou à ces produits au sein d'une entité.

Exemple :

- Pictogramme représentant une police d'assurance à usage interne.

Le pictogramme, langage codé particulier

Avantages du pictogramme

- Il élimine les barrières linguistiques.
- Il permet une lecture rapide du produit qu'il représente en créant un lien entre le graphisme et le produit.
- Il peut être imprimé en une couleur.
- Fait partie d'un langage codé.
- Usage particulier très limité, communication interne.

Inconvénients du pictogramme

- Il ne représente rien aux yeux d'un non-initié.
- Étant d'un graphisme abstrait, il nécessite une explication écrite pour être assimilé par les personnes concernées.
- Pour une utilisation grand public, l'utilisation du pictogramme demande un grand investissement financier pour soutenir les campagnes de communication liées à l'apprentissage du logo.

SUITE

2 – Le symbole universel

Le *symbole universel* est une représentation graphique très épurée d'une action, d'un objet, d'un bâtiment ou d'un lieu destiné au grand public. Son utilisation est universellement reconnue, du moins c'est son but premier.

Le symbole universel

Exemples :

- Les panneaux du code de la route.
- Le graphisme de sécurité comme le nucléaire, l'électricité.
- La représentation de monuments et sites.
- La représentation de services publics, aéroports, gares, métros...
- Les sanitaires publics.

Avantages du symbole universel

- Il élimine les barrières linguistiques.
- Il aide à la compréhension rapide d'une information précise en vue d'une action.
- Il est idéal en matière d'ordre et de discipline (code de la route, information de sécurité).
- Généralement, le symbole universel fait partie de tout un alphabet graphiquement proche appelé *Système*.

Inconvénients du symbole universel

- Il demande un apprentissage de sa signification.
- Il peut susciter une confusion due à une lecture culturellement différente.
- Il apporte un risque de confusion de lecture avec d'autres logos d'entreprise graphiquement proches.
- Il doit généralement respecter un code couleur universellement reconnu.
- Il est à la limite de l'abstraction.

3 – Le symbole particulier

Le *symbole particulier* est une représentation graphique très épurée d'une produit ou d'un service destiné au grand public. Son utilisation est spécifique aux entreprises.

Exemples :

- Le coquillage SHELL.
- La virgule NIKE.

Le symbole particulier, ici un symbole pour une société de mécanique aquatique

Avantages du symbole particulier

- Il élimine les barrières linguistiques.
- Il représente l'activité d'une entreprise ou son secteur d'activité.
- Il utilise une *représentation imagée* de base faisant référence à une activité.

SUITE

Inconvénients du symbole particulier

- Il demande un apprentissage de sa signification.
- Il est à la limite de l'abstraction.

4– Le lettrage

Le *lettrage* est une représentation graphique uniquement réalisée à base de lettres non déformées.

ABYZ

Le lettrage, logo d'une agence matrimoniale

Exemples :

- SONNY - KLM - BNP (Banque Nationale de Paris)

Avantages du lettrage

- Il est simple à exécuter par un fournisseur.
- Il est réalisé à partir de polices de caractères existantes très courantes.
- Il est généralement bien visible.
- Il peut représenter une abréviation, un acronyme (contraction d'un mot plus long).
- Il représente peu d'investissements en communication.

Inconvénients du lettrage

- Hors de tout contexte, l'assemblage de lettres ne signifie rien.

- Les lettres qui se suivent peuvent être difficiles à lire et à prononcer.
- Aspect général très commun, peu spécifique.
- La typographie utilisée n'est généralement pas originale ou particulière.
- Comme ce type de logo est réalisé à base de lettres de polices de caractères courantes, ce logo risque d'être adapté ou interprété fréquemment
- Ce logo se fond dans le paysage, il est peu marquant.
- Ce type de logo ne laisse pas une *empreinte* dans les mémoires.
- C'est également une représentation très abstraite d'une activité ou d'un service.

5 – Le lettrage déformé

Le *lettrage déformé* est une représentation graphique uniquement réalisée à base de lettres déformées en tout ou en partie en vue d'apporter une certaine personnalité au lettrage. L'importance du lettrage domine sur l'apport graphique.

Exemples :

- 3M, PERRIER, EXXON, NASA, YSL (Yves Saint Laurent) RR (Rolls Royce) VW (Volks Wagen). Chacun de ces logos est légèrement déformé par la disposition particulière de son lettrage ou par le travail graphique d'une des lettres.

Avantages du lettrage déformé

- Il personnalise le lettrage et donc l'entité qu'il représente.
- Il laisse une empreinte dans les mémoires.
- Il est aisé à prononcer.

SUITE

Le lettrage déformé réalisé pour une société spécialisée dans le domaine de l'optique

- C'est un assemblage subtil entre typographie et graphisme.
- Il a un caractère unique.
- Il peut faire appel à un second degré dans sa lecture ce qui le fixe d'autant mieux dans la mémoire.
- Il est réalisé à partir de polices de caractères existantes très courantes ou créées pour l'occasion.

Inconvénients du lettrage déformé

- Il demande une exécution en production très précise.
- Sa mise en application demande un suivi rigoureux surtout pour les entreprises multinationales qui doivent garder une cohérence graphique de leur logo tout autour de la planète.

6 – La combinaison

La *combinaison* est certainement le type de logo le plus utilisé. Comme son nom l'indique, c'est une combinaison entre le lettrage et l'image. Elle allie une représentation graphique dominante et un lettrage qui passe au second plan, voire qui disparaît totalement. Une combinaison est généralement réalisée à l'aide d'un graphisme très explicite concernant le message à véhiculer.

Exemples :

- COCA-COLA, LACOSTE, KENWOOD

Avantages de la combinaison

- Elle est très représentative, le lien image/produit ou image/service est instantané.
- Elle permet un travail sur l'effet optique.
- Elle laisse une empreinte dans les mémoires.
- Elle est claire dans son message.
- Elle est aisée à prononcer.
- Elle est généralement très créative.
- Elle a un caractère unique.
- Elle peut faire appel à un second degré dans sa lecture ce qui fixe d'autant mieux le visuel dans la mémoire.

RADAR

La combinaison

Inconvénients de la combinaison

- Elle demande une exécution en production très précise.
- Sa mise en application demande un suivi rigoureux surtout pour les entreprises multinationales qui doivent garder une cohérence graphique de leur logo tout autour de la planète.

L'Atelier

Création de logos et de chartes graphiques

Le processus de création d'un logo passé au peigne fin

3

Le processus de création d'un logo passé au peigne fin

L'OBJECTIF

Expliquer le déroulement de la méthode de travail pour l'établissement d'un *cahier des charges* complet.

Un grand tableau récapitulatif complet des tâches du *cahier des charges* est disponible à l'arrière du manuel.

Ce chapitre se concentre sur les étapes très pragmatiques nécessaires à l'élaboration d'un logo pour une entreprise (ou une société). Force est de partir du constat suivant :

L'avènement de l'informatique permet de plus en plus aux entreprises de développer leur propre logo au sein même de leur entreprise. Souvent, ce travail est effectué par des personnes pleines de bonne volonté mais n'ayant pas reçu de formation spécifique à ce sujet. Le résultat est rarement professionnel.

Comme vous et moi, un client tente de réaliser ses projets en interne (au sein de son entreprise) avant de faire appel à un service extérieur à son entreprise. Aussi, quand un client vous appelle c'est qu'il a *vraiment* besoin d'un coup de main. Les délais sont alors très serrés, seul votre professionnalisme, votre clairvoyance et votre aptitude à gérer des missions rapidement et sans faille vous permettront de répondre favorablement à sa demande. Une bonne maîtrise du processus de création et de développement du logo vous facilitera grandement la tâche.

Une méthode de travail rigoureuse vous sera dès lors d'un grand secours.

Mais il faut plus encore ! La création d'un logo est avant tout un travail de confiance entre le client et le graphiste où le client croit aux possibilités créatrices du graphiste et le graphiste comprend les désirs du client.

Solution

Détailler toutes les actions à mener pour le développement harmonieux d'un logo, afin de pouvoir les classer dans un ordre d'exécution logique et précis.

Voici les sept étapes-clés de la réalisation d'un logo pour une entreprise :

1 – La phase préparatoire et l'élaboration du cahier des charges

2 – La démarche créative, des projets intuitifs aux trois avant-projets de présentation

3 – Présentation des trois avant-projets au client

4 – Mise au point du projet et présentation de certaines de ses applications

5 – Présentation du projet au client

6 – Mise au point technique du logo définitif et de l'ensemble de ses applications

7 – Remise du logo définitif et de ses applications

Les différentes étapes de l'élaboration d'un logo

Un client vous appelle, il a besoin d'un logo pour sa société qu'il vient de créer et qu'il compte lancer dans deux mois. Bon réflexe de votre client qui capte bien l'importance d'un logo *réfléchi* qui sera le porte-drapeau de sa communication visuelle globale future. Voilà une belle mission en perspective. Vous convenez d'un premier rendez-vous pour le rencontrer, lui et son équipe, afin d'évaluer le travail à effectuer.

À ce stade, vous ne connaissez encore rien, ou presque, des attentes de votre client. Il y a deux vecteurs qui vont vous aider à mener à bien le travail demandé : le premier est la précision avec laquelle vous allez compléter le *cahier des charges* dont le détail est défini dans ce chapitre, le second est votre ouverture d'esprit en matière de création dont le chapitre concerné *Stimuler la création intuitive* détaille différentes pistes pour alimenter votre pouvoir de création.

SUITE

Il ne faut pas perdre de vue que votre objectif final est la satisfaction du client. Il sera d'autant plus satisfait qu'il aura le sentiment d'avoir été compris et entendu.

Pour bien visualiser les sept étapes du processus d'élaboration d'un logo, chaque étape sera détaillée en trois volets différents :

- Le premier volet est une représentation sous forme de graphique récapitulatif des tâches à effectuer pour une bonne collaboration du duo **client/graphiste.**
- Le deuxième volet est un récapitulatif des tâches que vous devez *prester* et dont vous devez tenir compte dans votre offre de prix (voir également le chapitre : *Le juste prix – Méthode de calcul du coût du travail de création d'un logo*). Ces tâches tiennent compte de l'horaire presté, des déplacements et des frais techniques.
- Le troisième volet est un exemple d'élaboration d'un logo au fil des étapes du processus de création.

1 – La phase préparatoire et l'élaboration du cahier des charges

C'est le jour J, le premier rendez-vous avec votre client. Présentez-vous à l'heure, n'hésitez pas à donner votre carte de visite et à demander celle des différents intervenants. Prévoyez un petit dépliant pour présenter vos activités professionnelles et les travaux que vous avez déjà réalisés pour d'autres clients. Une brève présentation de votre activité peut aider le client à confirmer ou infirmer votre collaboration au projet, aussi les choses sont-elles claires dès le départ.

Une fois les présentations faites, à vous d'écouter le client, de lui poser les questions adéquates pour la réalisation du travail et à prendre des notes en vue de la rédaction du *compte-rendu*. Le *compte-rendu* est essentiel pour être certain d'être sur la même longueur d'onde. Il montre votre professionnalisme et le souci que vous avez de vraiment collaborer avec votre client.

ÉTAPE 1 - La phase de préparation

Première réunion

Développement du ***cahier des charges*** avec le client

Poser les bonnes questions pour établir une bonne analyse

Qui est le client ?	Quelles sont les valeurs de l'entreprise ?	Quelle image de l'entreprise le logo doit-il transmettre ?	Y a-t-il des couleurs spécifiques à respecter pour la représentation du logo ?	Quel budget est-il prévu pour soutenir la diffusion du logo ?
Qui sont les clients potentiels de l'entreprise ?	Quelles sont les particularités de l'entreprise ?	Faut-il créer un nouveau nom ?	Le logo s'inscrit-il dans une identité visuelle globale ?	Quels sont les supports matériels d'impression du logo ?
Sur quel marché le client est-il positionné ?	Quel est le secteur d'activité de l'entreprise ?	Y a-t-il un élément graphique *obligatoire* à intégrer au logo ?	Le logo doit-il être fourni sur support informatique ?	Quelle est votre mission exacte (mission du graphiste) ?
Quels sont les produits (les biens ou services) développés par l'entreprise ?	Qui sont les décideurs au sein de l'entreprise en matière de choix de logo proposé ?	Y a-t-il un élément graphique à éviter ?	Y a-t-il des emplacements géographiques particuliers pour l'installation du logo ?	Quels sont les délais pour réaliser la mission ?

La qualité du logo reflète, pour une grande part, la qualité du *cahier des charges*

Les tâches et prestations

- Déplacement chez le client
  (ou déplacement du client en vos bureaux).

À prévoir :
- Des cartes de visite à distribuer.
- Une présentation sommaire de vos activités.

Réunion :
- Temps passé en réunion.
- Prise de notes en vue du compte-rendu.
- Accord de principe de travail à la vue des références.
- Méthode de rémunération à définir.
- Déplacement pour le retour.

Après la réunion :
- Rédaction du compte-rendu de la réunion précédente.
- Élaboration d'une remise de prix pour la mission.

NB :
- Être présentable et ponctuel.

Élaboration graphique du logo

- Phase de préparation.

SUITE

Le cahier des charges

Pour cadrer l'attente de votre client, vous pouvez vous reposer sur l'élaboration du *cahier des charges*, exercice d'analyse fine de l'entreprise et de la portée du logo à réaliser.

Le *cahier des charges* va permettre par le biais d'une série de questions précises posées au client, d'affiner votre perception des activités de l'entreprise, de son positionnement sur le marché, de ses attentes mais aussi de ses valeurs et d'une multitude d'autres indications qui vont vous permettre de développer rapidement des avant-projets dans des directions de travail bien précises. Ces informations vont également servir à détailler votre offre de prix afin de pouvoir remettre un prix qui tienne compte de toutes les actions à mener.

Le *cahier des charges* décrit les valeurs de l'entreprise, sa situation actuelle et sa projection désirée dans le futur de manière très pointue. Il définit également les besoins de l'entreprise, les moyens qu'elle a pour se représenter et réaliser les objectifs à court, moyen et long terme. Bien sûr, il n'est pas nécessaire de poser l'ensemble des questions du *cahier des charges* détaillées ci-dessous à chaque nouvelle collaboration. Il est évident que l'importance et le type d'activité que développe votre client vous amènera à poser tout ou une partie seulement de ces questions. Passez toutefois la liste bien en revue pour être certain de ne pas avoir oublié de poser une question essentielle. Il est peu professionnel de retéléphoner ultérieurement au client pour encore glaner l'une ou l'autre information.

Si le *cahier des charges* est mal établi, trop peu fourni en informations, vous risquez de faire des propositions qui ne correspondent pas à l'attente du client. Vous aurez perdu votre temps, votre client également et un sentiment peu professionnel se dégagera de votre prestation.

Développement du cahier des charges – Les questions à poser

Qui est le client ?

Un petit historique de l'entreprise permet de situer le propos dans le temps et peut vous conduire à des pistes de réflexion et de création, il est également intéressant de comprendre si l'image du passé de l'entreprise doit être ou non une référence pouvant apparaître dans le logo.

Qui sont les clients potentiels de l'entreprise ?

Généralement, le client a déjà effectué une étude de marché qui cerne son public cible ; cela peut être une tranche d'âge précise ou une certaine catégorie socio-professionnelle. Il est évident qu'on ne développe pas le même *style* de logo pour un souffleur de verre en cristal que pour un club de foot.

Sur quel marché le client est-il positionné ?

Le marché local, régional, national ou international ? Ce choix peut être simplement un apport graphique au sein du logo comme la forme stylisée de la région ou d'une mappemonde mais peut également être une restriction graphique. Un logo à diffusion internationale a intérêt à rester simple pour éviter toute interprétation graphique spontanée par des sous-traitants ou de mauvaises interprétations dues à des différences culturelles.

Quels sont les produits (les biens ou services) développés par l'entreprise ?

Si l'entreprise produit plusieurs biens de consommation, il est évident que le logo peut faire référence à ce produit, mais il devra également pouvoir être imprimé facilement sur l'objet produit et sur l'emballage qui le conditionne tout en restant fidèle au logo original.

Quelles sont les valeurs de l'entreprise ?

Le logo doit-il faire passer des valeurs comme : le service de qualité, la rapidité du service (*exemple :* les sociétés de coursiers), l'épanouissement des travailleurs, l'accueil des clients... ?

SUITE

Quelles sont les particularités de l'entreprise ?

Petite unité de production, succursale d'une entreprise implantée à l'étranger, vente par correspondance de produits ?

Quel est le secteur d'activité de l'entreprise ?

Le secteur industriel, le secteur des loisirs, le secteur du sport, de la culture, le secteur social, le secteur de l'enseignement, le secteur des biens de consommation, le secteur de la coopération internationale, le secteur scientifique, le secteur politique, le secteur bancaire, le secteur des assurances, le secteur automobile... Suivant le ou les secteur(s) d'activités défini(s), le visuel du logo, sa forme, ses couleurs, prendront une tournure bien ciblée.

Qui sont les décideurs au sein de l'entreprise en matière de choix de logo proposé ?

Cette question *étrange* permet de définir la pyramide décisionnelle et donc le nombre d'étapes que devra parcourir le projet de logo avant l'acceptation finale. Imaginez qu'au-dessus de la personne qui mène le projet avec vous se trouvent encore deux niveaux de décisions, dont seul le niveau le plus haut a l'autorisation de prendre la décision finale ; vous allez devoir franchir ces différents niveaux en vous présentant à de nouvelles réunions où chaque partie ira de sa petite modification afin de laisser une *trace* dans le logo. Les petites modifications vont se multiplier, les heures de réunions également, les sorties couleurs, haute définition de présentation des projets aussi, ainsi que vos déplacements. Votre offre de prix doit tenir compte de ce cheminement.

Quelle image de l'entreprise le logo doit-il transmettre ?

Image d'une référence à l'artisanat, l'artistique, la technique, l'écologie, le temps jadis, l'humanisme, la force, le dynamisme, la longévité, la sérénité, la pérennité, la jeunesse... Quelle image l'entreprise désire-t-elle donner en priorité ?

Faut-il créer un nouveau nom ?

La recherche d'un nouveau nom pour une entreprise n'est pas chose aisée, il faut pouvoir *jongler* avec la langue et étudier très précisément la sémantique de chaque mot qui se réfère à l'activité de l'entreprise. c'est un métier à part, à vous de juger si vous avez les compétences pour proposer un tel service. Il est vivement conseillé de se documenter sur la signification d'un nouveau mot dans différentes langues. Un mot positif dans une langue peut avoir une interprétation négative dans une autre.

Y a-t-il un élément graphique obligatoire *à intégrer au logo ?*

Certaines professions ont des *sigles* ou des *armoiries* très spécifiques qu'il faut intégrer au logo.

Exemple : les experts-comptables ont un sigle spécifique à leur profession que seuls les experts agréés peuvent arborer sur leur papier à lettres et carte de visite. C'est une reconnaissance professionnelle.

Certaines normes de sécurité peuvent également forcer à tenir compte d'éléments spécifiques obligatoires. Il faut en tenir compte et l'intégrer graphiquement au logo.

Y a-t-il un élément graphique à éviter ?

Visuels proches de ceux de la concurrence, certains thèmes déjà trop utilisés dans le secteur, certains thèmes un peu dépassés ou totalement négatifs pour l'image de l'entreprise sont à éviter.

Y a-t-il des couleurs spécifiques à respecter pour la représentation du logo ?

- Soit votre client a déjà une idée précise des couleurs qu'il veut voir appliquer pour son logo ; auquel cas vous pouvez toujours le conseiller sur l'assortiment correct et sensible des couleurs choisies.

- Soit, pour des motifs extérieurs à l'entreprise, vous êtes amené à devoir travailler avec des couleurs bien précises définies par des normes nationales ou internationales (comme la sécurité par exemple).

- Soit vous proposez derechef des nouvelles couleurs à votre client en vous appuyant sur les questions posées ci-dessus.

SUITE

Le logo s'inscrit-il dans une identité visuelle globale ?

Cette question est très intéressante à plusieurs titres :

- Premièrement, *l'image visuelle globale* demande l'application du logo sur différents types de supports, qui peuvent s'étendre de la carte de visite, au drapeau flottant à l'entrée de l'enceinte de l'entreprise. Le logo doit *résister* aux différentes techniques de production spécifique à chaque support. Une finesse d'impression sur papier ne peut pas être égalée sur tissus, il faut donc tenir compte, dès le départ, des différentes finalités du logo.

- Deuxièmement, le logo développé peut être produit par différents fournisseurs déjà désignés par le client dans le cadre du projet. Vous devez alors organiser le travail et mettre votre logo à la disposition de ces différents fournisseurs. Cela demande du temps et des connaissances techniques et peut occasionner des déplacements chez les différents fournisseurs concernés pour faire respecter vos directives.

- Troisièmement, si d'aventure c'est vous qui devez développer le visuel et suivre l'exécution de son application, il vous faut les précisions techniques pour chaque application, car votre offre devra décrire chaque procédure de travail pour chaque support.

Le logo doit-il être fourni sur support informatique ?

Suivant le canal de diffusion demandé, comme Internet, les fichiers de traitement de texte ou l'imprimerie offset, le travail graphique sera configuré différemment afin de correspondre à la technique d'utilisation finale. La préparation des différents formats de fichiers numériques d'un logo prend un certain temps et demande une bonne connaissance technique de l'outil informatique. Il est nécessaire de prévoir un budget à cet effet dans votre offre de prix ainsi qu'un budget pour les supports informatiques comme les CD qui seront distribués et l'amortissement du matériel et des logiciels informatiques.

Y a-t-il des emplacements géographiques particuliers pour l'installation du logo ?

Le long des autoroutes (ce qui entraîne un choix de typographie particulier), en haut des grues de chantier, sur des véhicules en mouvement... ?

Quel budget est-il prévu pour soutenir la diffusion du logo ?

Comme détaillé dans le chapitre *La grande famille des logos*, il est important de connaître l'aptitude financière à soutenir une image visuelle de l'entreprise. La communication va-t-elle se faire uniquement via le support papier, via Internet, via la radio ou la TV ? Le développement d'un symbole ou d'un logo de *combinaison* demandera un soutien financier différent suivant la promotion de l'image à effectuer.

Quels sont les supports matériels d'impression du logo ?

Un choix de support matériel d'application du logo sous-entend un choix de technique de production. Le logo doit *résister* aux différentes techniques de production qui seront utilisées. Une bonne connaissance de ces différentes techniques vous permet d'anticiper les « pièges » techniques (et il y en a !) au moment même de la création.

Voici les supports matériels susceptibles de recevoir l'impression de votre logo. Ils sont classés suivant les techniques de production :

Secteur de l'imprimerie papier :

En-tête de lettre – enveloppes – cartes de visite – carte *avec nos compliments* – chemises de documents – plaquette de présentation de l'entreprise – rapport annuel – papier à lettres – papier fax – factures – bon de commande – dessous de mains – calendrier publicitaire – affiches – encarts publicitaires dans les journaux – emballage des produits de l'entreprise – présentoirs en carton – badges...

Secteur imprimerie par screenage :

Impression de T-shirts et sweat-shirts – impression sur cadeaux publicitaires en matière plastique – impression sur le produit de l'entreprise – présentoirs en matière plastique – autocollants – panneaux de signalisation interne et externe – enseignes lumineuses – drapeaux – banderoles – mobilier.

SUITE

Secteur de la découpe par ordinateur :

Découpe de vinyle pour le charroi – découpe de vinyle pour les enseignes.

Secteur de la broderie sur tissus :

Cadeaux d'entreprise sur support tissus : cravates, écharpes, mouchoirs... - broderie sur les tenues du personnel.

Secteur électronique :

Internet – présentation de diaporama – documents de traitement de texte (documents électroniques, circulation en réseau interne).

Généralement, les différentes techniques de production peuvent générer une impression à partir d'un fichier numérique.

Quelle est votre mission exacte (mission du graphiste) ?

- La création du logo ?
- Une proposition colorimétrique ?
- Le développement de l'image visuelle globale ?
- La mise en page du logo sur différents supports matériels ?
- Le développement de la Charte graphique ?
- La recherche de différents fournisseurs en vue de la production ?
- Le suivi de l'exécution des différents fournisseurs ?

Ces informations sont capitales pour pouvoir rédiger votre offre de prix (voir le chapitre sur *Le juste prix*).

Quels sont les délais pour réaliser la mission ?

- Soit votre client a des impératifs de date précis, à vous d'estimer si votre travail est réalisable dans les délais proposés.

- Soit le client attend votre avis et votre expérience pour convenir des dates d'exécution de la mission. En général, les délais sont tendus. Prévoyez une marge de manœuvre, vous n'êtes pas à l'abri d'un manque d'imagination, d'un problème technique chez vous ou chez un de vos fournisseurs.

Pour clôturer cette première étape, il vous reste deux éléments à boucler. Premièrement, vous devez rédiger le compte-rendu de réunion (le plus rapidement possible après la réunion). Le compte-rendu, que vous enverrez ultérieurement au client permet la symbiose du duo Client/Graphiste (voir remarque en fin de chapitre).

Deuxièmement, vous devez préparer votre offre de prix reprenant l'ensemble de la mission définie à la réunion.

Votre offre de prix comporte deux volets. Le premier regroupe les tâches que vous devez effectuer avec un prix pour chaque tâche nommée. Le second volet concerne les tâches réalisées par des tiers, fournisseurs ou autre collaborateurs de votre client (il faut les contacter et leur demander leur prix afin de compléter l'offre). Le calcul de prix d'une mission n'est pas une chose aisée à réaliser ; reportez vous au chapitre *le juste prix* pour en savoir plus à ce sujet.

Remarque :

Vous venez de passer un bon bout de temps chez votre client. Vous vous êtes déplacé, pourtant, tant qu'il n'y a pas d'accord sur un prix pour votre travail, vous travaillez sans filet. Si vous ne trouvez pas d'accord financier pour la mission, vous avez *perdu* votre temps. Cela arrive. Toutes les missions ne rapportent pas nécessairement un accord de travail ferme et definitif. Le simple fait de se présenter chez un client n'est absolument pas un gage d'accord de travail. En fait, vous semez votre réputation et votre professionnalisme, à vous d'en récolter les fruits. Au fil des expériences, votre technique de semailles se perfectionnera et les récoltes se feront de plus en plus abondantes.

En définitive, la première étape est l'étape clef. Soit votre collaboration avec le client s'arrête ici, soit vous prolongez la collaboration et terminez l'ensemble de la mission. Il est à souligner, qu'à ce stade-ci du processus, vous, graphiste, vous n'avez pas encore déposé le moindre trait de crayon sur une feuille. Par contre, vous avez déjà rédigé un compte-rendu et une offre de prix, peut-être sans lendemain... L'avenir vous le dira.

SUITE

2 – La démarche créative, des projets intuitifs aux trois avant-projets de présentation

Parfait, votre client a donné son accord à votre offre de prix par retour de fax ou par retour de courriel. Vous allez enfin pouvoir commencer à créer. Le rendez-vous de votre prochaine réunion est fixé ; vous y présenterez vos trois avant-projets.

Avant de vous lancer dans cette tâche passionnante, prenez le temps d'ouvrir un dossier (une chemise cartonnée) pour y glisser l'offre dûment signée par votre client et l'ensemble des documents déjà établis dans le cadre du travail, ainsi qu'une *time-sheet* (feuille de travail) pour connaître le temps déjà consacré à ce travail (voir chapitre *le juste prix*). Ordre et discipline vous feront gagner bien du temps.

Place maintenant à la création et aux projets intuitifs.

ÉTAPE 2 - La démarche créative

Démarche créative

- Réalisation de projets intuitifs à main-levée
- Développement de trois avant-projets + déclinaisons

Avant-projet 1 | Avant-projet 2 | Avant-projet 3

Les tâches et prestations

Avant la création :

- Accord du client sur la remise de prix.

Création :

- Temps de création.
- Temps de mise au frigo des propositions.
- Temps de travail au crayon, recherches de projets intuitifs.
- Sélection de trois pistes de travail
- Par ordinateur, développement des trois avant-projets.
- Sorties couleur de lecture.
- Mise au point des déclinaisons.
- Sortie de trois visuels couleur en vue de la prochaine réunion avec le client.
- Mise en page de présentation des trois avant-projets pour chacun des participants à la réunion.

Élaboration graphique du logo

- Phase des projets intuitifs – cela fuse !

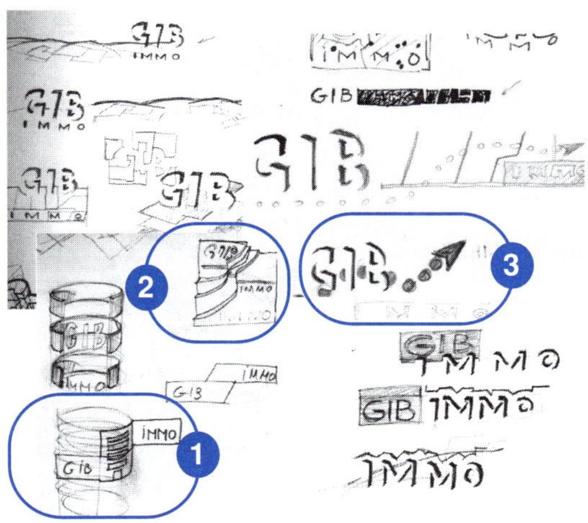

SUITE

Les projets intuitifs

On nomme projet *intuitif*, toutes les idées qui vous passent par la tête avant, pendant et après la réunion d'établissement du *cahier des charges* avec votre client. Ces idées, vous avez pris soin de les *croquer* rapidement dans votre cahier de notes.

Point de départ de toute création, les projets intuitifs sont des dessins à main levée rapidement exécutés sur un morceau de papier à l'aide d'un bon vieux crayon. Un dessin intuitif se concentre sur la recherche d'un vecteur graphique représentant au mieux la synthèse du *cahier des charges* et donc les souhaits et paroles du client. Votre force créatrice sera mise en avant par la pertinence de votre logo et par sa fidélité à la description du *cahier des charges*. Vos sentiments personnels doivent rester en retrait, seule votre particularité graphique doit émerger en fonction de l'attente du client.

Parfois les idées vous viennent rapidement à l'esprit, parfois elles prennent un peu plus de temps à se coucher sur le papier. Dans ce second cas, il est alors important d'en parler avec un tiers, ou de pouvoir ouvrir son esprit en feuilletant, tantôt un livre d'art, tantôt un livre d'architecture, tantôt un livre sur l'histoire industrielle, tantôt en observant le dessin des sillons d'un champ labouré, afin de passer sous vos yeux des images, des formes, des couleurs différentes qui vous permettront de développer des projets dans des nouvelles directions de création. Même si votre logo ne doit pas parler d'architecture, il est possible que la vue d'une photo ou d'une ombre portée étonnante fasse jaillir en vous un visuel nouveau pour votre logo. Pour élaborer trois avant-projets différents, il est important de pouvoir réaliser ce genre de pirouette. Le chapitre *stimuler la création intuitive* dévoile certaines de ces pistes.

Souvent, il arrive de rester prisonnier d'une première idée et de tourner en rond sans pouvoir s'en détacher. S'ouvrir l'esprit en repartant de visuels et de thèmes différents est une bonne clé à la production de nouvelles pistes de création.

Il est bien de placer les projets intuitifs *au frigo*, c'est-à-dire de les laisser reposer quelques jours afin de changer ses idées avant de remettre l'ouvrage sur le *métier*.

Il est bon aussi d'humaniser ses créations, que le logo fasse référence à un visuel qui concerne l'homme ; un logo destiné à représenter une entreprise qui prépare des jambons fumés doit sentir le jambon !

Il est nécessaire de se forcer à créer des projets intuitifs différents, ils doivent évidemment tous répondre au *cahier des charges* (voir dessins). Se forcer à produire des projets intuitifs différents vous permet de couvrir un vaste champ de possibilités de création, de ne pas passer à côté d'une magnifique piste de création par manque de temps ou d'audace de création. Les projets intuitifs se comptent par dizaines, ce n'est pas le moment d'y aller à l'économie.

Une source d'inspiration peut être l'ensemble des logos déjà existants dans le secteur d'activité du client. Le travail consiste alors à se démarquer de ces logos existants en ouvrant de nouvelles portes graphiques.

De cette multitude de projets intuitifs doivent émerger trois avant-projets différents. Un changement de couleur ne représente pas un projet différent en soi, mais représente une déclinaison d'un avant-projet précis.

Pourquoi créer trois avant-projets différents ?

Présenter un seul avant-projet est diplomatiquement très risqué, si votre client *n'aime pas* votre proposition, vous vous trouvez un peu coincé. À l'opposé, si vous présentez dix propositions différentes, votre client – qui n'est pas un spécialiste – se trouvera fort dépourvu pour effectuer un choix. C'est donc à vous de faire un premier choix, une première sélection en isolant trois propositions différentes et de qualité permettant ainsi une discussion harmonieuse autour des visuels.

À vous également de faire adopter par le client la proposition qui vous semble la plus adéquate. Il est dans votre avantage de présenter la version la plus *forte* en dernier lieu afin que le sentiment général de la présentation se termine sur une note positive et non l'inverse. Une présentation évoluant en crescendo, dans la qualité et la justesse du logo, est toujours fort dynamique et fructueuse.

SUITE

Une fois les trois avant-projets définis au crayon, il est temps de les transposer sur un ordinateur pour en faire la mise au point.

La création de projets intuitifs exécutée directement à l'aide d'un outil informatique n'est pas conseillée. Votre ordinateur est incapable de créer à votre place. De plus, il est bien plus aisé de sentir les proportions d'une création à main levée sur du papier que sur un écran informatique.

Mais où réside alors l'avantage du travail sur ordinateur ?

Retranscrire vos avant-projets sous forme numérique comporte plusieurs avantages.

Le premier réside dans le fait qu'un avant-projet transposé numériquement donne rapidement un travail professionnel. Fini les tâches de doigts sur le papier, fini l'encre de chine qui se répand malencontreusement sur le projet définitif.

Un deuxième avantage est de permettre la sortie papier en couleur de vos projets sur une imprimante personnelle afin de réaliser une présentation client de très bonne qualité.

Mais le plus grand avantage réside dans la possibilité de réaliser des modifications de vos avant-projets tout en gardant la version originale de vos créations. Vous pouvez donc progresser, évoluer dans le processus de création tout en conservant les phases intermédiaires de votre travail afin de pouvoir réaliser un petit retour en arrière si nécessaire.

L'informatique n'est pourtant pas une fin en soi, c'est un crayon *très cher*, bien pratique, mais pas indispensable à la création de logos. Ne pas posséder d'outil informatique pour développer votre création n'est pas dramatique. Vous pouvez très bien créer un logo au crayon et faire appel à un tiers (un fournisseur) pour le transcrire sous format numérique. Par contre, il est impératif de passer par une transformation numérique en vue de la production ultérieure de votre travail (flasheur et imprimeur).

Si vous possédez bien l'outil informatique, vous pouvez rapidement réaliser trois présentations professionnelles, une présentation pour chaque avant-projet. Les logiciels informatiques conseillés pour cette tâche sont les logiciels travaillant le vecteur et non le pixel. Un logo réalisé en vecteur présente l'avantage de pouvoir être agrandi ou diminué de taille sans perte de qualité. Le même logo vectorisé est utilisé pour faire la mise en page des cartes de visite et la mise en forme des bâches de camions.

Les déclinaisons des trois avant-projets

Vos trois avant-projets sont maintenant définis, il faut encore les mettre au point pour réaliser leurs déclinaisons. La mise au point d'une déclinaison consiste à configurer votre logo pour qu'il puisse être utilisé par différentes techniques de reproduction.

Une déclinaison comporte :

- Une version du logo en noir et blanc (une couleur), comme s'il fallait l'utiliser en cachet. Cette version sera utilisée pour le papier fax dont la technologie de transmission ne permet pas une grande finesse d'impression. Cette première déclinaison permet de constater qu'il est déconseillé d'utiliser un dégradé dans un logo.
- Une version en couleur avec deux ou trois variantes colorimétriques.
- Des impressions du logo en différentes tailles, c'est le test de la lisibilité au changement d'échelle. L'impression d'une très grande jusqu'à une petite taille permet de montrer la qualité d'impression du logo en vue d'une reproduction sur un pin's ou sur un bic par exemple. C'est également cette version qui permet de constater qu'un trait fin disparaîtra lors de la diminution du logo.

Harmonisez la mise en page de présentation de vos trois avant-projets sur des formats de papier identiques et prévoyez plusieurs jeux en copie suivant le nombre d'interlocuteurs prévus à la prochaine réunion. Tout est prêt pour votre première présentation des trois avant-projets.

SUITE

3 – Présentation des trois avant-projets au client

Deuxième rendez-vous avec votre client. À vous de présenter et de défendre vos trois pistes de création de logos en expliquant les liens directs avec le cahier des charges.

La discussion doit déterminer le choix définitif d'une piste de travail. Généralement, un des avant-projets présenté est amené à poursuivre sa *carrière* pour devenir le logo définitif. À la fin de la réunion, le projet définitif peut prendre forme.

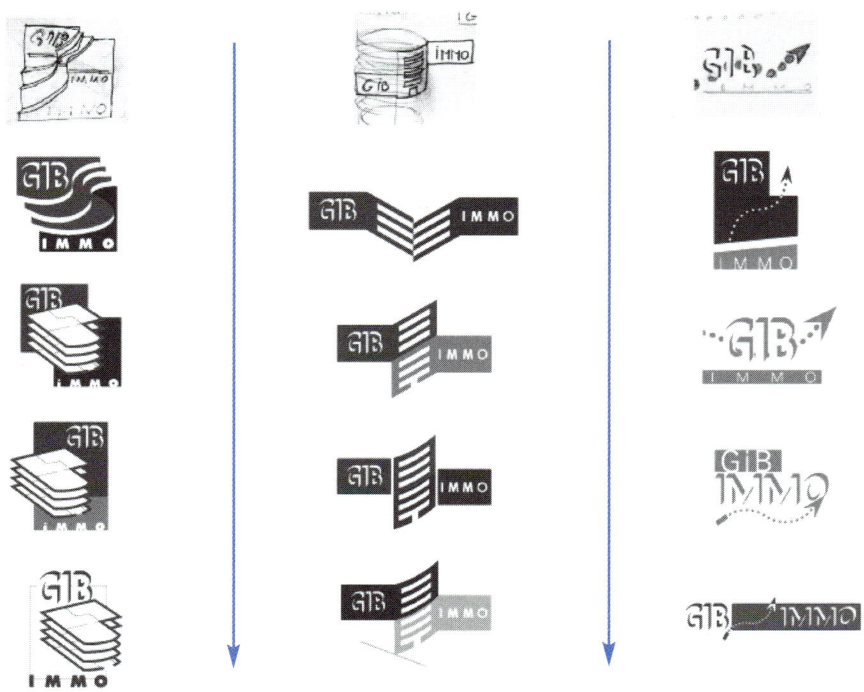

Développement de trois avant-projets à partir des projets intuitifs en vue de la sélection de la piste de travail pour la réalisation du projet

ÉTAPE 3 - Présentation des trois avant-projets au client

Deuxième réunion

- Présentation des 3 avant-projets
- Développement du ***projet*** avec toutes les parties concernées

Définition d'une direction de travail (un projet)

Les tâches et prestations

- Déplacement chez le client.

Réunion :

- Temps passé en réunion.
- Prise de notes en vue du compte-rendu.
- Déplacement pour le retour.

Élaboration graphique du logo

- Phase des trois avant-projets.

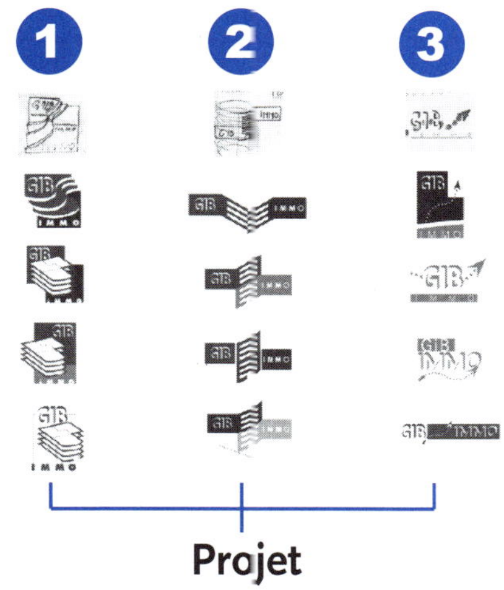

SUITE

4 – Mise au point du projet et présentation de certaines de ses applications

Vous avez noté les différentes remarques et propositions du client, à vous de finaliser votre création.

Les retouches apportées à l'avant-projet sélectionné donneront son aspect définitif.

Parallèlement, comme défini dans le *cahier des charges*, vous connaissez les différents supports matériels qui vont accueillir votre logo (votre création graphique en a tenu compte). Une première présentation de certaines applications de votre logo doit être réalisée. Généralement, des propositions de mise en page de carte de visite, de papier à lettres et d'enveloppes sont présentées. D'autres propositions peuvent être faites suivant la spécificité du client.

Préparez une présentation harmonieuse et professionnelle de vos propositions en vue de la prochaine réunion.

ÉTAPE 4 - Mise au point du projet

Démarche créative

- Développement du ***projet***
- Développement de certaines applications

Projet

Exemples d'applications

Les tâches et prestations

- Rédaction du compte-rendu de la réunion précédente.
- Temps de création.
- Développement du projet.
- Sorties couleur de lecture.
- Développement d'exemples d'applications du logo sur différents supports.
- Sorties couleur en vue de la prochaine réunion avec le client.
- Mise en page de présentation du projet pour chacun des participants à la réunion.

Élaboration graphique du logo

- Développement du projet et de certaines applications.

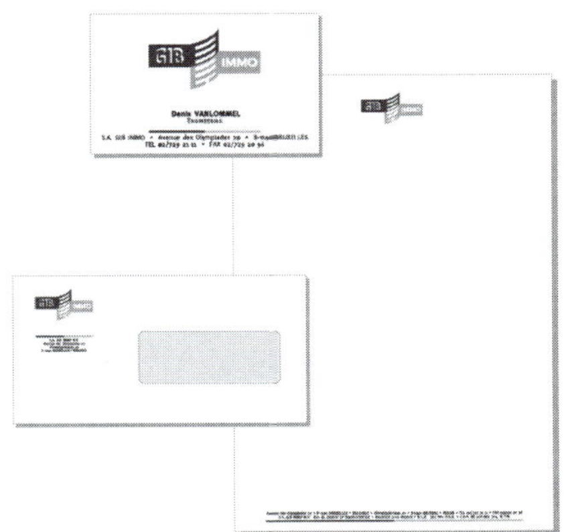

SUITE

5 – Présentation du projet définitif au client

Troisième réunion de travail avec le client, vous présentez le projet définitif et certaines de ses applications.

La discussion confirme le logo définitivement et valide la ligne graphique du logo et ses applications sur différents supports matériels.

ÉTAPE 5 - Présentation du projet définitif au client

Troisième réunion

• Présentation du ***projet***

• Présentation de certaines applications

Confirmation du projet retenu et des supports d'applications du logo

Les tâches et prestations

- Déplacement chez le client.

Réunion :

- Temps passé en réunion.
- Prise de notes en vue du compte-rendu.
- Déplacement pour le retour.

Élaboration graphique du logo

- Confirmation du logo définitif et validation de ses applications.

SUITE

6 – Mise au point technique du logo définitif et de l'ensemble de ses applications

La boucle est presque bouclée, il reste à effectuer la mise au point technique du logo et de ses différentes applications.

Votre logo est prêt à être imprimé sur différents supports. Comme défini dans le cahier des charges, différents fournisseurs devront réaliser l'impression du logo. Suivant la technique d'impression demandée, le logo devra être techniquement préparé différemment.

Voici quelques exemples de préparations différentes :

- Un logo pour l'impression d'une carte de visite sera préparé pour une impression en deux couleurs.
- Le même logo imprimé dans un rapport d'entreprise en quadrichromie demande une préparation spécifique pour se rapprocher des couleurs du logo original.
- Une impression du logo dans un journal demande une préparation du logo en une couleur et avec une résolution de flashage spécifique dû à la mauvaise qualité du papier journal et à la vitesse élevée d'impression.
- Le même logo peut être pixellisé, c'est-à-dire transformé en pixels numériques pour pouvoir être édité sur Internet ou placé en image de fond dans un fichier texte.
- Si vous devez imprimer le logo sur des T-shirts, il vous faut tirer les films au flashage de façon spécifique...

Préparez les différents logos finalisés sur un support en vue de la dernière réunion. Gardez une copie de vos dessins et fichiers informatique originaux chez vous. Le fait de fournir au client les différentes versions de vos logos sous forme de sorties papier ou de fichier informatique ne lui donne aucun

ÉTAPE 6 - Mise au point technique du logo définitif

Mise au point technique
en vue de la production

• Développement du projet définitif
• Développement de l'ensemble des applications

Projet définitif

Ensemble des applications

Les tâches et prestations

- Rédaction du compte-rendu de la réunion précédente.
- Temps de création.
- Développement du projet définitif.
- Sorties couleur de lecture.
- Développement de l'ensemble des applications du logo sur différents supports.
- Préparation à la production des différents fichiers informatiques.
- Sorties couleur en vue de la prochaine réunion avec le client.
- Mise en page de présentation du projet définitif pour chacun des participants à la réunion.

Élaboration graphique du logo

- Projet définitif et ses applications.

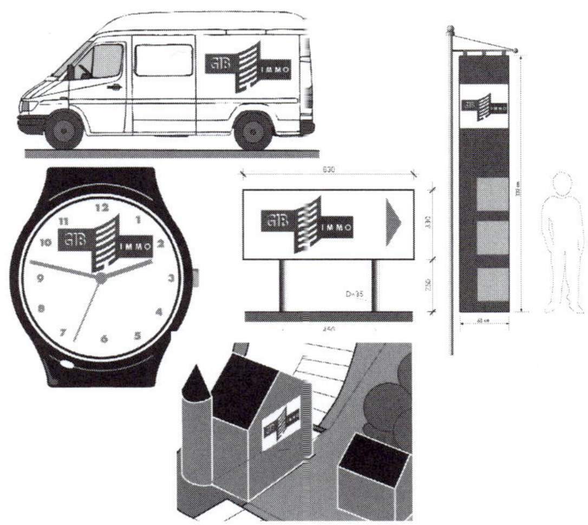

SUITE

droit sur votre création. Au contraire, des lois existent et protègent la création. Votre client est obligé de vous consulter avant toute modification ou nouvelle application du logo. Le chapitre 6 *Un peu de jurisprudence* détaille synthétiquement les droits et devoirs des deux parties.

Réalisez l'ensemble des applications du logo pour les supports matériels spécifiés dans le cahier des charges. Préparez la présentation des différentes propositions de manière harmonieuse et professionnelle.

7 – Remise au client du logo définitif et de ses applications

Quatrième et dernier rendez-vous, c'est la remise définitive de l'ensemble de votre travail, le logo et ses différentes préparations suivant ses applications et la mise en page du logo sur l'ensemble des supports matériels.

Et après ?

Votre mission pour la création d'un logo s'arrête ici. Place maintenant à la facturation de votre travail et à la mise sur pied d'une collaboration future pour la réalisation de la *charte graphique.* Celle-ci rassemblera l'ensemble des éléments visuels clefs garantissant la cohérence de l'application de votre logo où qu'il soit utilisé (voir le chapitre 5, de ce manuel, sur la charte graphique). Place également à une collaboration en vue du suivi de la production de l'application du logo sur l'ensemble des supports. Mais cela, c'est une autre histoire.

ÉTAPE 7 - Remise au client du logo définitif et de ses applications

Quatrième réunion

• Présentation du
du projet définitif
• Présentation des applications

Fin de la mission de création

Les tâches et prestations

- Rédaction du dernier compte-rendu de la réunion.

- Déplacement chez le client.

Réunion :
- Temps passé en réunion.
- Prise de notes en vue du compte-rendu.
- Déplacement pour le retour.

Après la réunion :
- Rédaction du compte-rendu de la réunion précédente.
- Clôture de la mission – facturation.

Élaboration graphique du logo

- Fin de mission.

SUITE

Il ne faut pas oublier que la création d'un logo est souvent une porte d'entrée pour une collaboration à long terme avec votre client. À vous de ne pas rater la première marche !

Remarque :

Une procédure complète pour l'élaboration d'un logo s'effectue généralement en sept étapes bien distinctes expliquées ci-dessus. Il se peut que, pour des raisons de changement stratégique en cours de mission, ou de mauvaise compréhension entre les parties concernées, ces étapes se multiplient. Pour éviter tout malentendu, tout quiproquo, toute perte de temps et donc d'argent, prenez la bonne habitude de rédiger après chaque réunion un compte-rendu de cette dernière afin de cristalliser les propos tenus par tous lors de votre entrevue. C'est une tâche un peu contraignante mais elle peut vous éviter bien des soucis. De plus, une trace écrite vous permet de prouver la nécessité de réévaluer financièrement la mission suivant les changements demandés en cours de travail par votre client.

Que doit contenir un compte-rendu de réunion ?

- La date de la réunion et le nom des personnes présentes à la réunion.
- La liste des documents distribués à la réunion par vous ou par votre client.
- Les propos tenus par les différentes parties.
- Les tâches à réaliser et les délais qui s'y réfèrent.

Ce compte-rendu est à envoyer aux personnes présentes à la réunion. Débutez la réunion suivante en demandant s'il y a des remarques sur le compte-rendu de la réunion précédente. Cela met les compteurs à zéro avant une nouvelle réunion, un malentendu ne pourra donc pas perdurer.

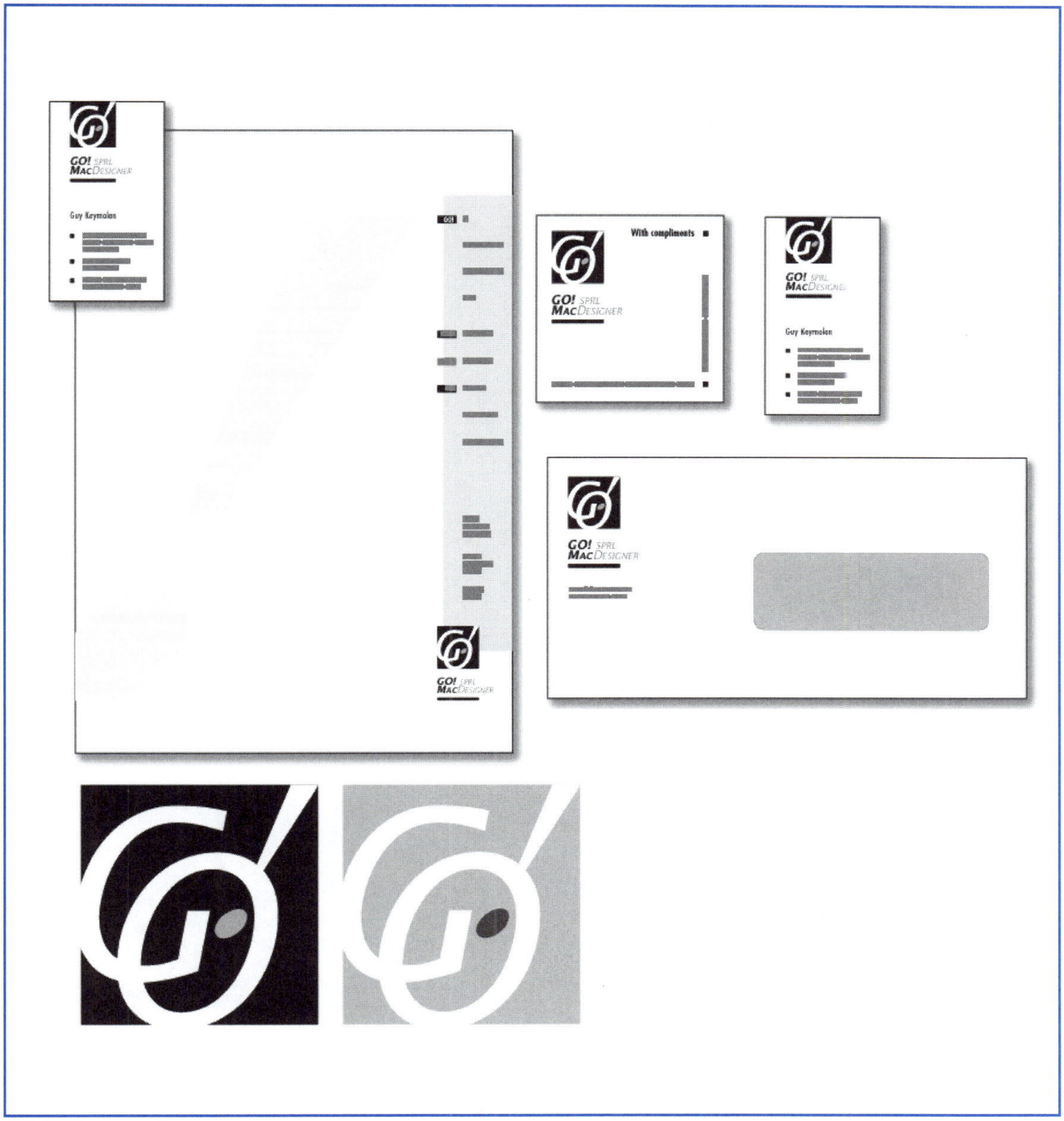

Un autre exemple de développement de logo pour la société GO ! – Approche humaine, conviviale

L'Atelier

Création de logos et de chartes graphiques

Stimuler la création intuitive

4

Stimuler la création intuitive

L'OBJECTIF

Ouvrir des pistes de création, visualiser des effets inattendus et apprendre les erreurs à éviter.

Ce chapitre brasse une série de thèmes parfois forts différents et sans liens spécifiques entre eux. Le seul point commun à tous ces thèmes est qu'ils convergent vers une ouverture d'esprit utile à la création. Ces différents thèmes sont finalement autant de portes qui s'ouvrent pour laisser passer le souffle qui attisera les braises de votre imagination.

Il n'y a pas une méthode bien spécifique décrivant le cheminement de la création, il n'existe en fait aucune méthode. Tout au plus peut-on dire que toutes les méthodes sont bonnes à condition qu'elles vous permettent de répondre au cahier des charges tout en générant trois pistes de créations fortes, innovantes, sensibles et différentes.

Voici ces différentes portes vers la création :

1 – Les signes du passé

2 – Les illusions d'optique

3– Les éléments de typographie

4 – La gestion de la couleur

5 – Les pistes visuelles de réflexions

6 – Les pièges graphiques et les erreurs de goût

Solution

En parcourant les lignes qui suivent, mille images passeront par votre tête, certaines seront à oublier, d'autres seront le départ du processus de création propre au logo.

1 – Les signes du passé

Une des premières portes à ouvrir pour stimuler la création, est celle qui se trouve derrière vous et qui vous plonge dans une série de traces de signes ou d'images du passé. Force est de constater que le besoin de communiquer et de rassembler par l'impact de visuels ne date pas d'hier.

Sans vouloir entrer dans une étude exhaustive et historique des grands tournants qui ont forgé et consolidé l'importance d'une image graphique en matière de communication de masse, il est intéressant de constater que le logo, le signe, l'image visuelle globale, soit le propos de ce manuel, ont toujours été des vecteurs incontournables dans la transmission d'un message. L'image a depuis longtemps pris le pas sur la parole et l'écriture, ou plutôt pouvons-nous dire que l'image a toujours accompagné la parole et l'écriture pour les soutenir. Les signes relevés ci-dessous restent très subjectifs, ils sont à prendre avec des pincettes.

Pour dominer, il faut rassembler sous une même bannière. C'est le signe, l'emblème, le blason, l'icône qui vont se charger de cette tâche. La représentation graphique étant intemporelle, elle ne prête que peu à la confusion, au regard de la parole, qui elle, se détourne, s'interprète, se déforme de bouche à oreille.

Depuis la nuit des temps, le signe permet à l'homme d'identifier des éléments ou de regrouper des individus. Une trace d'un animal dans la neige est la représentation graphique de l'animal en question, cette trace crée instantanément une image précise dans la tête du chasseur.
Le couple signe/image dans la pensée était déjà formé.

Une trace d'un animal dans la neige est la représentation graphique de l'animal en question

SUITE

Au travers de plusieurs exemples pris au gré de l'histoire, les lignes qui suivent vont montrer que notre époque n'a rien inventé en matière de communication visuelle, elle a simplement élevé la communication à un niveau de cohérence et de professionnalisme plus haut. Généralement, la communication était *globale*, la Charte graphique que nous connaissons aujourd'hui est aisément lisible dans certains exemples du passé qui seront présentés cidessous. Ces différents exemples vont montrer tantôt la force de représentation d'un logo, tantôt une charte graphique avant la lettre. La mélodie est aujourd'hui encore la même, seule l'orchestration a changé et si le son est techniquement plus pur, il n'est pas nécessairement de meilleure qualité.

L'histoire regorge d'exemples tous plus représentatifs les uns que les autres. Le but de cette lecture du passé n'est pas de les parcourir un à un mais bien de porter l'attention sur certains signes plus marquants que d'autres et qui tous vont dans le même sens, à savoir que le signe rassemble.

À l'époque mégalithique (-4000, -1000 av. J.-C.), des pierres dressées de manière ordonnée sur de vastes plaines étaient des signes très précis et reconnaissables par des groupes d'hommes initiés (ici, les pierres dressées de Bretagne). Ces pierres représentent soit une limite, soit un domaine, soit une pratique ou tout autre chose. Une pierre dressée serait un signe, un message précis sur un lieu précis, un peu le rôle tenu par les enseignes d'aujourd'hui.

Époque mégalithique et aujourd'hui, la même vision de l'identification d'un lieu

D'autres exemples de pierres gravées et travaillées étaient également des signes, des références, ils rassemblaient et avaient une beauté graphique incontestable. La pierre sculptée ci-dessous de 35cm de haut permet de l'identifier par son signe comme appartenant à un groupe de pierres provençales (sud de la France) datant de quelque 4000 ans avant notre ère. Un même signe était donc déjà, à l'époque, bien répandu et utilisé à plusieurs endroits géographiques forts éloignés. Sans doute, dans un but de communication, de transmission d'un même message !

4000 ans av.J.-C., identification par le signe

Ce qui est incontestable c'est ce subtil jeu d'ombres, de cette forme simple et équilibrée. Un visage apparaît par le jeu d'ombres. C'est d'une beauté et d'un raffinement remarquable, sans apport de couleur, jeu unique de la matière ; un graphiste ne peut rester de marbre face à une telle justesse. Pareil exemple doit rester gravé dans l'arrière-pensée afin de servir de terreau à la création de futurs logos.

Ce constat vous mène à devoir ouvrir tout grand les yeux afin d'analyser, de décortiquer et d'apprécier tous ces signes d'hier et d'aujourd'hui. C'est un travail permanent, qui ne peut que vous ouvrir des nouvelles portes vers des domaines de créations inattendus.

Cette pierre sculptée de l'Ile de Gavrinis (France) datant également de l'époque mégalithique confirme l'importance ancestrale de la représentation graphique. Ces jeux graphiques de symétrie sont tellement *contemporains* qu'ils pourraient aisément servir aujourd'hui de ressource pour l'établissement d'un logo.

Jeux graphiques datant du mégalithique

SUITE

À la même époque, mais dans d'autres lieux, des exemples sont également très représentatifs, comme dans la civilisation égyptienne, où les hiéroglyphes sont des synthèses graphiques par excellence, des synthèses de signes très codifiés. Ici, le signe renvoie à une idée, on parle d'ailleurs d'idéogramme. Des logos en quelque sorte.

Les hiéroglyphes, synthèses graphiques par excellence

Mille ans plus tard c'est l'apogée de la civilisation égyptienne qui démontre la maîtrise, pour l'époque, de la gestion de la communication visuelle globale. Les pyramides, sommet de la pureté architecturale, participant largement à l'identité visuelle globale des rois égyptiens. Ces formes sont d'ailleurs une source d'inspiration pour la création de logos, par exemple dans le secteur de la construction ou de la finance appuyant la communica-

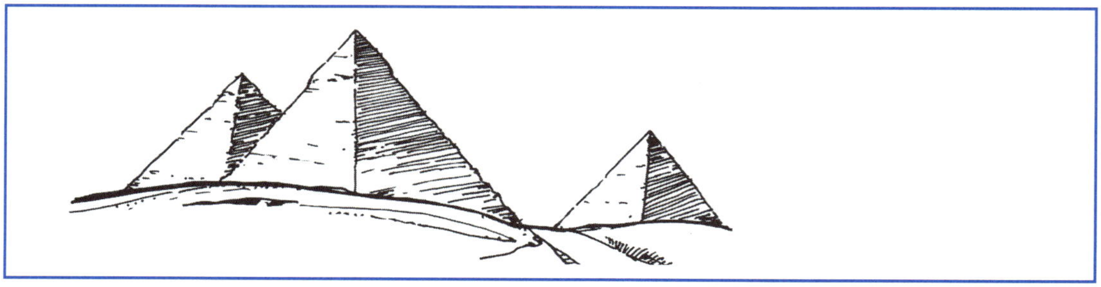

Les pyramides de Gizeh, Ancien Empire, IV dynastie, 2600 av. J.-C. sont régulièrement utilisées dans la création de logos, pour les messages qu'elles divulguent

tion d'une certaine dominance, d'une stabilité, d'une intemporalité. Quand l'architecture, l'écriture, les parures, les fresques, les objets de culte ou de la vie courante, quand l'organisation même de la société est organisée dans un tel élan commun duquel se dégage une tendance unique de couleurs et de formes, on peut aisément parler d'une communication visuelle globale déjà bien maîtrisée, une charte graphique déjà bien complète.

Du Xe siècle au IIIe siècle av. J.-C., le graphisme celtique n'est pas en reste, d'innombrables graphismes élaborés sont sculptés à même la pierre.

Graphisme celtique de Xe au IIIe siècle avant notre ère

Les Incas, les Indiens d'Amérique, les Africains, tant de civilisations qui nous ont laissé de multiples traces graphiques d'une beauté exceptionnelle. Tous ces dessins, formes tridimensionnelles, assemblage de matière et de coloris sont à découvrir, il faut s'en abreuver.

Traces graphiques de différentes civilisations, autant de sources de création

SUITE

La monnaie, outil de communication

Le visuel frappé d'une monnaie est également une forme de communication par le signe. L'échange de biens, d'une communauté à l'autre, donne aux hommes qui manipulent cette monnaie un sentiment d'appartenance. Voilà un excellent support d'image qui se répand partout, signe d'une domination certaine d'une communauté d'hommes sur un territoire.

Pour la vénération des cultes, l'image visuelle globale était également primordiale.

Partant de signes simples comme la croix ou le croissant, les sigles, les enluminures et les icônes vont se multiplier palliant le manque d'instruction des communautés. Les messages sont transmis au peuple uniquement par des dessins, des peintures et des sculptures. Les blasons et autres armoiries représentent les diffé-rentes communautés regroupées sous la croix.

Les armoiries, vecteur de communication

Un bon exemple de communication visuelle globale

L'apogée de la vénération du culte se situe vers le Xe siècle ap.J.-C., époque où un changement radical s'opère dans l'image que l'église veut donner d'elle à ses fidèles et de son impact, de son image, et de l'impact qu'elle a sur ses sujets. L'art roman est devenu trop sombre, trop renfermé sur luimême, trop élitiste. L'avancée technologique de l'époque en matière de construction, la mise au point de l'arc en plein cintre, le dégagement des murs au profit des vitraux et de la lumière, rendent le lieu du culte plus étincelant, bien plus *visuel*, plus grandiose. Tout doit être lumière, le soleil pénètre jusqu'au cœur des cathédrales, le soleil fait étinceler les objets finement ciselés et sertis de pierres précieuses déposées sur l'autel devenu le centre visuel des lieux. Les habits suivent la même tendance, les aubes de couleur apparaissent, les tissus parés de soie, de velours et d'or appuient un effet magistral de domination et de rassemblement par la cohésion visuelle.

Tout objet de culte devient communication

L'architecture devient monumentale, s'élance vers les cieux avec des voûtes intérieures s'élevant à quelque 55 m du sol.
Une audace sans pareille, dentelle architecturale, le gothique flamboyant cimente une domination du visuel global réfléchi et très bien maîtrisé.

Sensation forte de puissance l'architecture gothique flamboyante soutient la communication visuelle globale

SUITE

Les cocardes des avions de chasse, couleurs et formes d'une patrie

Bien d'autres exemples plus récents existent, comme les cocardes des avions de chasse, où les pilotes mettent leurs vies en danger pour défendre leur patrie, leurs couleurs, leur propre image.

L'image et le logo relèvent donc bien d'une symbolisation tantôt inconsciente, tantôt délibérée.

Un bon exemple de logo rassembleur est le drapeau olympique. Plus que jamais, ce logo unit sous une même bannière, la communauté sportive qui se surpasse. Rassemblement des cinq continents unis, liés, comme le montre le drapeau.

Un logo rassembleur pour le drapeau olympique

La liste des exemples pourrait encore être bien longue, à vous de la compléter.

2 – Les illusions d'optique

Il existe une infinité d'illusions d'optique, sorte d'hésitation permanente de notre cerveau à choisir une interprétation d'une image à la place d'une autre ; un peu comme un raté de boîte de vitesse.

Certaines illusions d'optique peuvent être exploitées pour l'élaboration d'un logo, d'autre moins voire pas du tout ; à vous de juger.

Ci-dessous vont suivre une série de visuels et d'effets connus et moins connus, excellent terreau à la créativité et à l'imagination.

- Les illusions d'optique les plus connues sont les formes impossibles à réaliser en trois dimensions, elles ont la particularité de capter le regard.

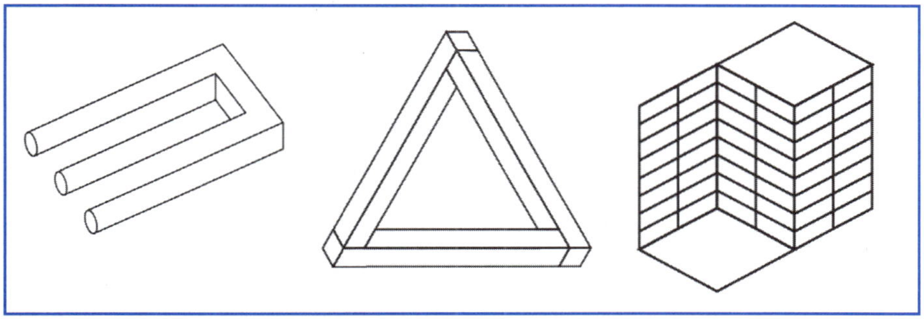

- Intéressant également, l'effet de profondeur apparaissant par l'application multiple d'un même élément graphique mis à l'échelle.

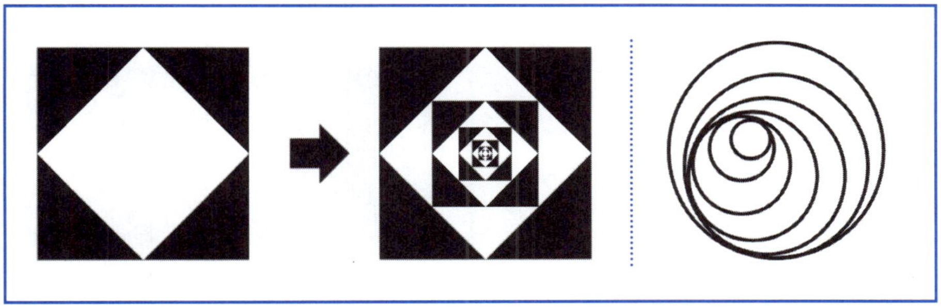

SUITE

- Une lecture positive ou négative d'un visuel peut faire apparaître des éléments différents. Ici, une pièce de jeu d'échecs ou deux personnes qui se parlent. La lecture d'un visuel au second degré est une piste de création très porteuse.

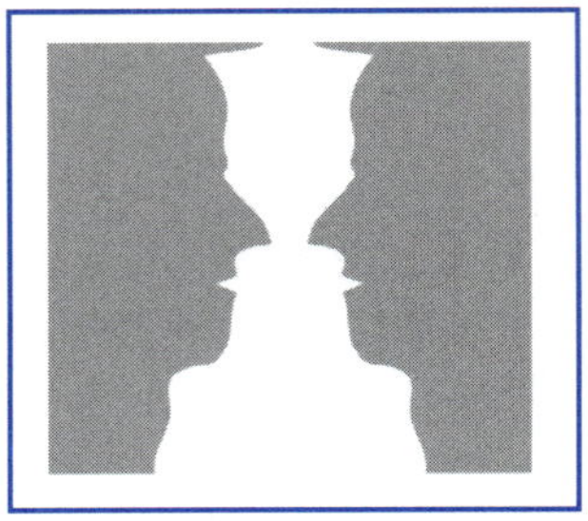

- Dans les visuels suivants, les lignes sont toutes parfaitement droites et parallèles, seule notre interprétation les déforme.

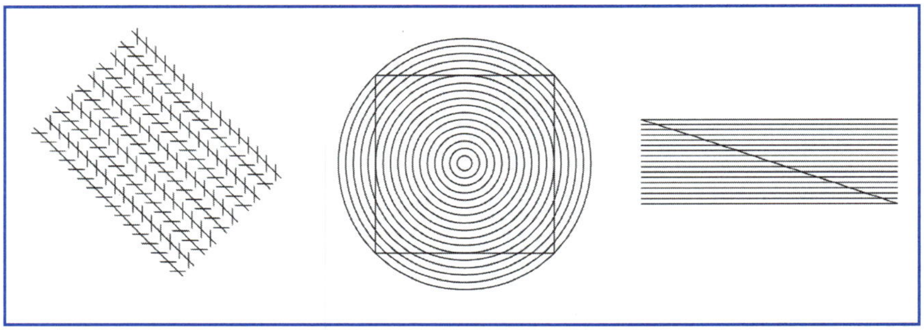

- Les trois arcs de cercle ci-dessous semblent différents, ce sont pourtant des portions du même cercle.

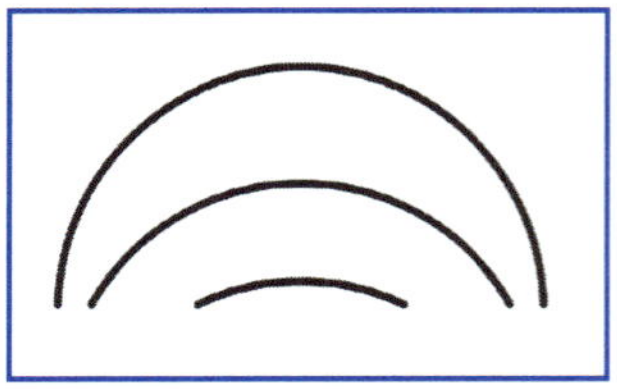

- Plus difficile à appliquer à un logo au risque de le rendre illisible, le phénomène de vibration (moirage) obtenu par la répétition de lignes ou de points légèrement décentrés reste un phénomène très im-pressionnant.

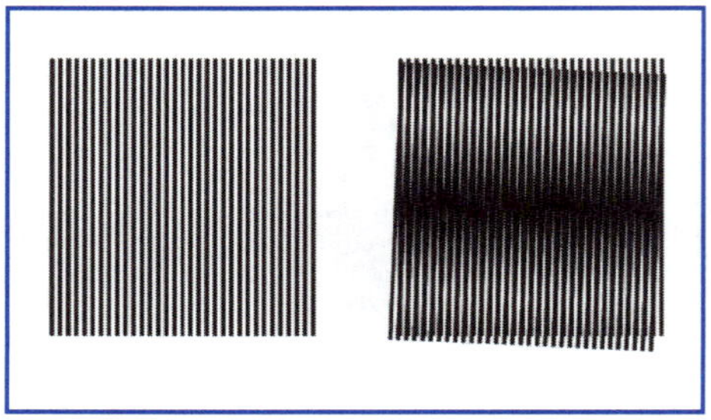

Effets de moirage

- Les visuels suivants démontrent l'aspect trompeur que peuvent provoquer certains apports graphiques.

  Dans le premier visuel, les deux lignes horizontales sont de la même longueur.

  Pour le deuxième visuel, les lignes horizontales plus fines du centre sont également de la même longueur.

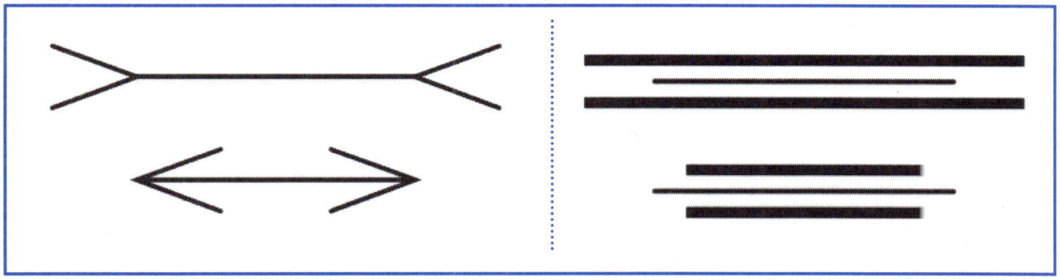

SUITE

Dans le troisième visuel, la distance entre les pointes des triangles A et B est identique à la distance entre les pointes des triangles B et C.

Dans le quatrième visuel, le cercle central est de même diamètre.

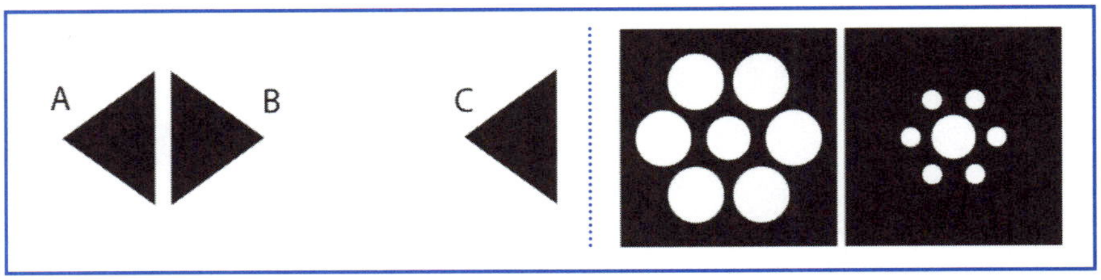

- Un logo en négatif change la perception des proportions. Ici, le carré gris du rectangle de gauche sur fond noir semble plus clair que celui du rectangle de droite sur fond blanc. Une lettre ou un dessin quelconque semble plus grand sur un fond noir (en négatif) que sur un fond blanc.

- En partant d'une grille de carrés parfaitement alignés, la juxtaposition du blanc et du noir crée l'apparition de zones de gris.

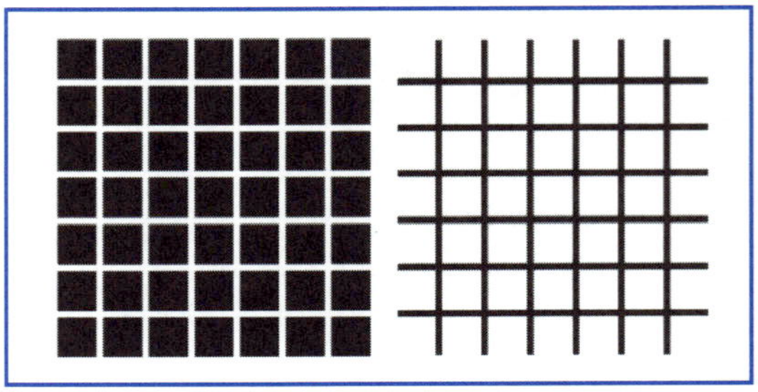

- Ici, en fixant bien les lignes, il y a de quoi hésiter, les lignes blanches sont-elles sur un fond noir ou est-ce l'inverse ?

- Le dessin en redondance ou multiple est une excellente piste d'investigation pour la création de logos. Le travail de déformations symétriques du dessinateur hollandais Escher et le travail graphique de déformation visuelle du peintre Victor Vasarely sont de bons exemples en matière d'évolution de multiples. Le visuel ci-contre exprime bien le message que peut véhiculer un même élément graphique multiplié adéquatement.

- Le dessin en déformation est également une piste intéressante d'investigation pour la création de logos.

  Ici, le morphing (formes qui se déforment), s'il devait représenter une entreprise, il pourrait signifier une certaine aptitude à l'adaptation et à l'évolution du service suivant la demande du client. Mais bon, il y a encore du boulot !

- Un autre vecteur créatif est la transformation d'une image ou partie d'une image en pixels. La pixellisation d'une image est un principe de conversion d'une image papier en une image numérique. La numérisation d'une image est obtenue via un scanner qui transforme le visuel en une infinité de petits carrés de couleurs différentes appelés pixels. Chaque partie de l'image est représentée par un petit carré de couleur ou un niveau de gris différent. C'est le cerveau qui rassemble ces petits carrés pour faire naître l'illusion d'une image.

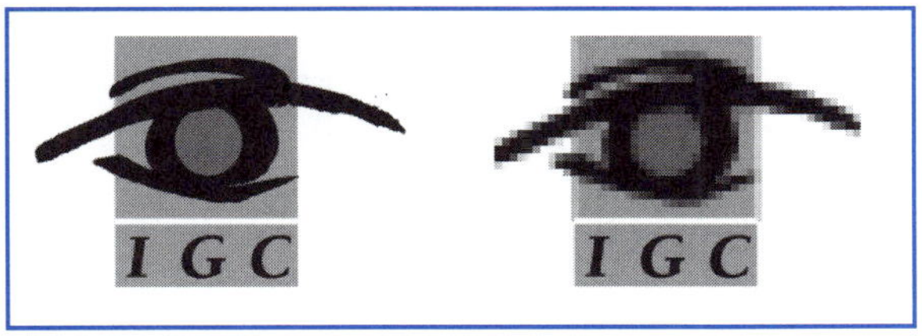

SUITE

- Des éléments graphiques de mise en ordre visuelle peuvent également être à la base de la création d'un logo. Par exemple, une entreprise qui réalise de la gestion de base de données pour des tiers ou une autre qui donne des formations continuées dont le but est de clarifier un domaine d'application sont des secteurs d'activités qui fonctionnent bien pour ce genre d'applications graphiques.

TARGETPRO

- Un autre champ de création propre à l'illusion d'optique est la représentation fragmentée de visuels. Une disposition précise de certains aplats de couleur n'ayant aucun rapport les uns avec les autres, fait naître une forme ou une image, le dessin devient reconnaissable.

  Le cas du visuel de ce petit chat réalisé uniquement à partir de taches assemblées est interprété en une image globale par le cerveau, cette technique est très séduisante. L'agrandissement d'une partie du visuel démontre qu'il ne serait pas reconnaissable sans le visuel global du petit chat à ses côtés.

Dans les deux exemples ci-contre, les logos font appel à cette technique de reconstitution de surfaces fragmentées. Les contours de la voiture du premier logo ne sont pas dessinés, ils apparaissent uniquement à la lecture. Dans le deuxième exemple, entre l'oiseau et l'étendue d'eau (ici la mer) apparaît une dune avec un fanion de green de golf ; ce logo a été dessiné pour un club de golf situé près du littoral. L'avantage d'une telle option graphique réside dans le fait que la voiture, comme la dune n'ont pas besoin d'une mise en couleur pour permettre une pleine expression graphique. L'économie d'une couleur d'impression est toujours la bienvenue.

- Une succession d'éléments graphiques indépendants peut susciter un effet visuel précis. Ici, le regard se porte en premier lieu sur le groupe de points à gauche, pour s'évader en créant un mouvement vers la droite.

Dans le deuxième visuel, les pastilles apportent un sentiment d'accélération.

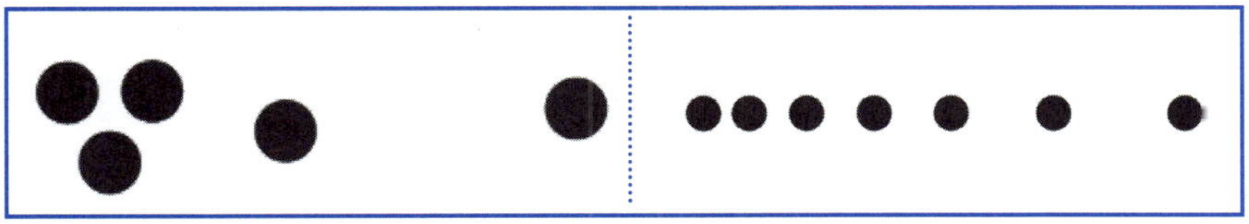

Les éléments instables de cette grille bien stable font apparaître un visuel de croix.

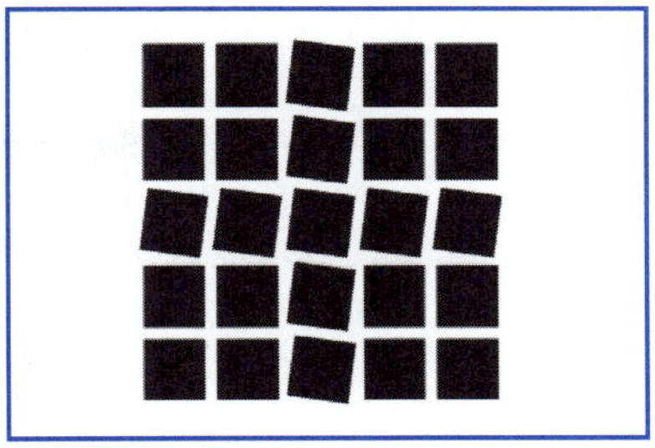

SUITE

3 – Les éléments de typographie

Le but de ce paragraphe sur la typographie est d'énumérer quelques évidences typographiques, tout en sachant bien que la typographie est un métier à part entière rigoureux et très spécialisé.

Aujourd'hui, les ordinateurs mettent à la disposition d'un large public une quantité infinie de *polices de caractères* différentes. Une *police de caractères* est une famille graphique de lettres, composée d'un alphabet en capitales, un alphabet de bas de casse (minuscules), de différents signes de ponctuation et de symboles.

Certaines *polices de caractères* nous sont bien connues par leur présence dans les systèmes informatiques, comme l'Helvetica, l'Arial ou la Times.

Qu'elles aient été créées il y a bien longtemps, comme la Bodoni par Giovanni Battista Bodoni (1740-1813) ou plus récemment, comme la Novarese par Alde Novarese (1980) l'utilisation d'une *police de caractères* à l'aide d'un ordinateur est devenu tellement aisée qu'on en oublie la rigueur de ce métier pointu régi par des règles bien précises permettant à la lettre de s 'exprimer à sa juste valeur.

Malgré qu'il soit très aisé de se *procurer* une *police de caractères*, il ne faut pas oublier qu'une *police de caractères* est le fruit d'un long travail de création pour la mise au point du dessin de la lettre, et également un long travail de mise au point typographique pour la gestion automatique des espaces interlettres afin d'obtenir une disposition harmonieuse des lettres sur un écran ou sur une feuille de papier imprimée. Le typographe doit régler de 800 à 1000 espaces différents, appelés approches, pour qu'une police de caractères fonctionne harmonieusement.

Le développement d'une *police de caractères* est donc une création intellectuelle qui est protégée par le droit d'auteur. Prenez le bon pli d'acheter les licences des polices que vous utilisez, comme vous achetez les licences de vos logiciels préférés.

Comment choisir une police de caractères ?

Le choix d'une *police de caractères* spécifique pour la création d'un logo représente à lui seul un message.

Ce choix dépend, comme toujours, du cahier des charges, le graphisme de la lettre parlera sur un ton élégant, sportif, dynamique...

Dans l'exemple ci-contre, l'utilisation d'une police de caractères Script (ici la police Gravura LET plain) avec de belles courbes donnent à l'insulte une tonalité très polie, voire hautaine. Dans le deuxième exemple, le ton est très dur, ça gueule, on y sent la force et la violence. Dans le troisième exemple, le ton est à la rigolade par l'utilisation de différentes polices de caractères au visuel farfelu.

Comme pour la rédaction d'une mise en page, il faut éviter d'utiliser plus de deux polices de caractères différentes dans la composition afin de garantir une certaine harmonie visuelle. Utiliser plus de deux polices différentes affaiblit la cohérence graphique d'une mise en page, c'est déconseillé. Le choix de la typographie d'un logo s'aligne exactement sur ce même constat. Mieux vaut s'en tenir à l'utilisation d'une seule police de caractères.

SUITE

L'utilisation d'une police avec un style *italique* n'est pas considéré comme un changement de *police de caractères.*

Il vous reste alors à sentir le *caractère* de la police de caractères pour porter le choix le plus judicieux correspondant à la mission.

- Pour l'élaboration d'un logo, une connaissance technique minimum de la typographie est conseillée ; les termes qui vont être détaillés ci-dessous se retrouvent régulièrement dans les palettes flottantes des logiciels informatiques travaillant la typographie.

Notions élémentaires de typographie

- Le ***Corps*** de caractère est la hauteur maximale des lettres capitales, jambage et hampe des bas de casses (minuscules) compris ; plus un petit blanc au-dessus et en dessous des lettres pour que les lignes de texte ne se touchent pas. Un *corps* de caractère s'exprime en points. Corps 12 = une hauteur *hors tout* de 12 points Didot de haut. Le point Didot est une mesure typographique de référence inventée par Ambroise Didot en 1785. Un point Didot équivaut à 0,3759 mm (+/- 1/3 de mm), c'est vous dire !

- Les ***Approches*** sont les petits espaces verticaux situés à gauche et à droite de chaque caractère. Ils sont prévus pour harmoniser le placement des lettres, des chiffres et des symboles automatiquement les uns à la suite des autres. Les espaces d'approches varient suivant le type de lettres qui se suivent. Dans certains logiciels, la fonction d'approche de la lettre est appelée interlettrage.

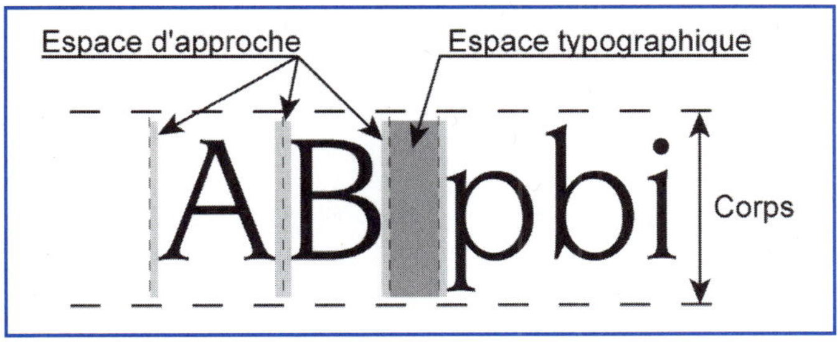

- La ***Chasse*** est la largeur d'un caractère, approches comprises. Elle diffère d'un caractère à un autre en fonction de son dessin. Il existe des familles de caractères *condensées* où la chasse est réduite par rapport à la chasse de la police de base non condensée.

  Exemple : la police de caractères Thesis en version standard d'origine et en version condensée également d'origine :

  ABCDEFGHIJabcdefghij *(Thesis version standard)*

  ABCDEFGHIJabcdefghij *(Thesis version condensée)*

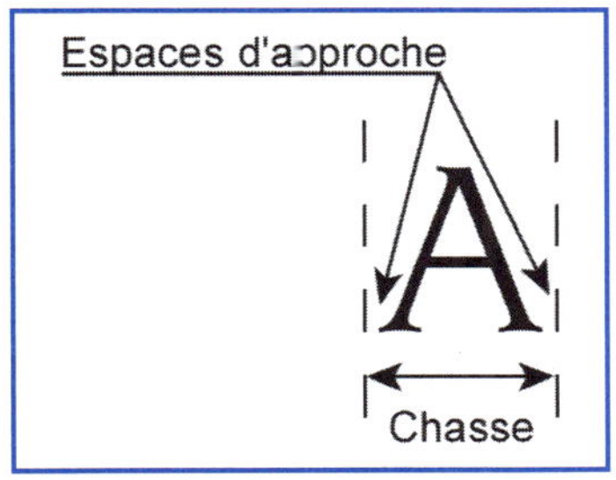

- La ***Graisse***, il s'agit de l'épaisseur du dessin d'un caractère. Une police de caractères propose généralement plusieurs possibilités graphiques de *graisse* appelées Regular, Semi-Bold, Bold, Medium, Heavy, Black... *Exemple* :

  le mot Police en graisse *Thesis Bold* et en graisse *Thesis Extra Bold* :

  Police *(Thesis Bold)* – **Police** *(Thesis Extra Bold)*

- Le ***Style*** de la lettre, correspond au visuel graphique de la lettre. Il y a trois styles différents :

  - Le style *Serif* (empattement en anglais), ou à empattement. Ces familles de caractères se distinguent par un rythme dans le dessin de la lettre, par des variations de pleins et déliés c'est-à-dire une variation d'épaisseur au sein même de la lettre.

SUITE

- Le style *Sans Serif* ou *Sans empattement* également appelé *Bâton* mais aussi Antique, Gothics aux USA et Grotesk en Allemagne. Ces polices de caractères ont une connotation plus technique, plus rigoureuse.

- Le style *Italic* avec ou sans empattement. Il est inspiré de l'écriture manuelle, comme les polices de caractères dites Cursives ou Script.

Police Serif *ou* à empattement

Police Sans Serif *ou* Sans empattement *ou* Bâton

Police Italique aves ou sans empattement

- ***L'interlignage*** est l'espace horizontal entre deux lignes de texte. Chaque police de caractères génère automatiquement un interlignage en standard. Toutefois, les logiciels de traitement de la typographie permettent de faire varier cet interlignage.

Dans quel but ?

- Un texte dont l'interlignage est important est visuellement très aéré, il est plus agréable à lire. En contrepartie, plus l'interlignage est grand, moins vous pouvez placer de texte sur la page.

Corps 12 pts - Interlignage 14 pts

ldolor in hendrerit dolor sit amet, consectetuer adipiscing elit, sed diam nonummy nibh euismod tincidunt ut laoreet dolore magna aliquam erat volutpat. Ut wisi enim ex.

Corps 10 pts - Interlignage 22 pts

ldolor in hendrerit dolor sit amet, consectetuer adipiscing elit, sed diam nonummy nibh euismod tincidunt ut laoreet dolore magna aliquam erat volutpat. Ut wisi enim ad minim venia.

- Pour obtenir un visuel de titre plus vivant, il est parfois intéressant graphiquement de rapprocher les lignes de texte au point que les polices se superposent. Cette technique demande une très bonne appréciation graphique, le choix de l'interlignage et le recouvrement des lettres ne pouvant pas déforcer la lecture du texte.

- Malgré une approche automatique entre les lettres d'une police de caractères, il arrive que certaines lettres soient trop écartées ou trop proches visuellement l'une de l'autre. Il faut alors rétablir cette masse blanche entre les lettres et équilibrer optiquement chaque caractère, un peu comme s'il fallait verser la même quantité de liquide entre chaque lettre.

En règle générale, deux lettres bien verticales créent un grand espace entre elles, deux lettres rondes créent un espace moyen et deux lettres inclinées l'une vers l'autre créent un espace minimum. Si l'approche automatique des lettres diffère de ses espacements *standards*, un réglage manuel de l'approche sera nécessaire.

SUITE

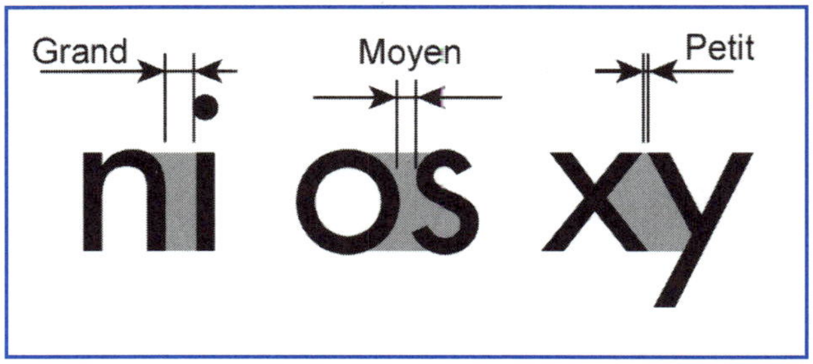

- Suivant le cahier des charges, vous pouvez être amenés à devoir développer un logo pour une entreprise dont la particularité réside dans leurs points de ventes exclusivement installés le long de routes ou de voies rapides. Il est alors conseillé d'utiliser une police de caractères grasse et sans empattement pour en faciliter la lecture à grande vitesse.

  De bons exemples sont les logos des entreprises de distribution de carburant.

4 – La gestion de la couleur

La gestion de la couleur est un domaine étendu, complexe et très pointu. Il est difficile de l'appréhender de manière complète au travers des quelques lignes de ce manuel.

La gestion de la couleur demande une *pratique* professionnelle approfondie, une grande expérience. Il existe des ouvrages spécialisés sur ce thème, les consulter ne serait pas du luxe. Le plus efficace reste la découverte sur le terrain de toutes ces techniques de production (chez un imprimeur par exemple).

Constat :
Une même couleur varie suivant le procédé d'impression utilisé pour la générer.

En règle générale, on peut dire qu'il est presque impossible d'obtenir une couleur parfaitement identique tout au long du processus de création et de production d'un logo. Les raisons en sont multiples, elles sont la conséquence des différentes techniques de rendu utilisées pendant le cycle de production.

Une impression offset ne peut pas, techniquement parlant, reproduire fidèlement la couleur qui est imprimée sur le papier sorti tout droit de votre imprimante personnelle.

Méthode de travail pour la mise en couleur d'un logo

A- La couleur Pantone (appelée également PMS)

Généralement, un logo imprimé sur un papier à lettres ou sur une carte de visite est composé d'une ou deux couleurs Pantone différentes.

SUITE

Voici quatre raisons pragmatiques qui justifient ce choix :

1- La couleur Pantone est une couleur pleine, éclatante, son impression donne une personnalité, une force, une présence au logo. L'impression en aplat de couleur en est la raison technique. La technique de l'aplat de couleur est similaire au principe qui consiste à faire couler sur une feuille de papier une seule teinte de peinture préparée préalablement ; la couleur s'étend alors en une grande surface pleine.

2- Une impression de deux couleurs Pantone permet une belle diversité graphique en sachant que les couleurs peuvent se recouvrir ou qu'elles peuvent être imprimées en demi-ton (à 50 % ou à d'autres valeurs de pourcentage de grisé). L'impression d'une troisième couleur ne se justifie donc pas.

3- Une impression de deux couleurs Pantone est moins lourde financièrement qu'une impression en quadrichromie.

4- L'impression Pantone correspond généralement bien à la quantité de papier ou de carte de visite à imprimer, c'est-à-dire une quantité très faible (500 cartes de visite, 2000 papiers à lettres).

Pourquoi utiliser la gamme de couleurs Pantone plutôt que la quadrichromie ?

La quadrichromie permet, à partir de quatre couleurs de base (cyan, magenta, jaune et noir), d'obtenir une infinité de couleurs différentes.

Le défaut de la quadrichromie, dans le cadre de l'impression d'un logo, est un rendu de couleurs moins vif et éclatant que l'impression Pantone.

L'éclat en demi-teinte d'une couleur quadri réside dans son principe même de production. La couleur en quadrichromie ne peut pas être appliquée en *aplat* comme la couleur Pantone.

La quadrichromie doit être appliquée à l'aide de *trames* (série de petits points) afin de générer les millions de couleurs demandées. Entre les points de trame, la couleur blanche du papier apparaît. Notre œil assimile le blanc du papier aux autres couleurs imprimées ce qui donne un ton légèrement opalin, légèrement plus clair, plus pâle.

La quadrichromie est incontournable pour l'impression de photos mais dans le cas de l'impression d'un logo, il vaut mieux se retourner vers une impression de couleurs Pantone.

Malgré cela, il est possible d'être amené à imprimer un logo en quadrichromie, cela se justifie parfois :

- Dans le secteur de l'audiovisuel par exemple, les logos sont souvent composés des couleurs de l'arc-en-ciel. Une impression quadri est donc incontournable.
- Un autre exemple est la nécessité d'imprimer le logo de l'entreprise dans une revue qui elle est, par essence, imprimée en quadrichromie. N'oubliez pas de prévenir votre client que les couleurs du logo seront légèrement altérées.

- La gamme Pantone (PMS) est constituée de plus de 900 couleurs différentes applicables en *aplat* (appelé également *ton direct*).

  Le nuancier Pantone n'est pas le seul nuancier de couleurs disponible sur le marché, il y en a bien d'autres, mais il est le *standard* dans le monde de l'imprimerie. Ce nuancier, vous pouvez vous le procurer dans un commerce spécialisé en matériel de dessin, c'est un outil indispensable mais hélas très coûteux.

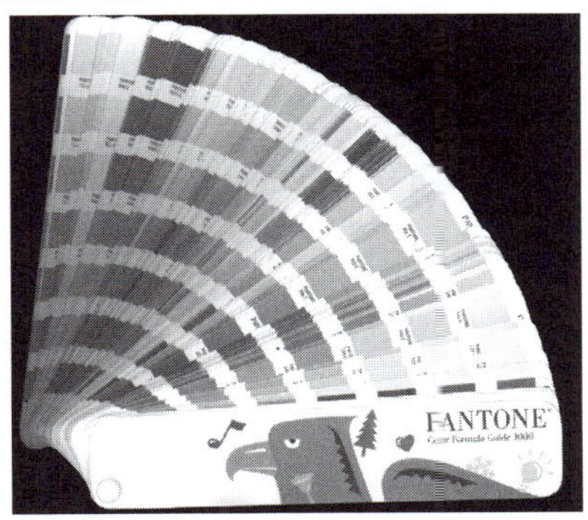

Nuancier Pantone

SUITE

Chaque couleur Pantone représente un passage machine. Chaque passage machine demande à la fin de l'impression un nettoyage complet de la rotative. Une rotative est composée de dizaines de rouleaux, c'est un sacré boulot !

- Si l'imprimerie offset utilise le nuancier Pantone comme standard, le secteur de la construction dispose également d'un nuancier propre, c'est le nuancier RAL. Que vient faire ce nuancier RAL dans toute cette histoire ? Imaginez que les châssis de l'entreprise pour laquelle vous venez de dessiner un nouveau logo doivent, pour une question de cohérence globale de l'image visuelle, être peints de la même couleur que le logo. Trouver, à posteriori, une couleur équivalente dans les deux nuanciers (RAL et PANTONE) relève du miracle, car le nuancier RAL est bien moins fourni en diversité colorimétrique que le nuancier Pantone. La surprise risque d'être grande. Il est intéressant de tenir compte de cette possibilité d'équivalence colorimétrique entre les deux nuanciers dès les premiers choix de couleurs, cela évite bien des ennuis ultérieurement.

- Toute couleur imprimée varie de tonalité suivant le papier sur lequel elle est imprimée, impossible d'avoir une couleur identique sur des supports papier différents (c'est valable pour la couleur Pantone et également pour les couleurs quadri). La couleur peut également varier suivant le type d'éclairage électrique qui éclaire le travail. L'idéal est d'observer la couleur à la lumière du jour, c'est la lumière de référence.

Constat :

Une même couleur varie suivant le spectre colorimétrique utilisé pour la générer.

B- Les spectres colorimétriques

Dans une chaîne graphique de production, plusieurs spectres colorimétriques différents sont nécessaires à la représentation d'un travail.

Un spectre colorimétrique est une technique visuelle de rendu de la couleur.

Une même composition de couleur aura un rendu visuel différent suivant le spectre utilisé.

Trois spectres différents sont utilisés dans la chaîne graphique :

1- Le spectre RVB (Rouge Vert Bleu) spécifique aux écrans d'ordinateurs (TV également), il génère une couleur à partir des trois couleurs lumineuses.

2- Le spectre CMJN (Cyan Magenta Jaune Noir) spécifique au monde de l'impression offset génère une couleur à partir de quatre encres.

3- Le spectre des couleurs Pantone spécifique au monde de l'impression en aplat (ou ton direct) qui génère une couleur à partir d'une seule encre.

L'application d'une couleur bien précise peut varier suivant le canal de diffusion qu'elle emprunte, suivant le type de technique d'impression qui la produit, suivant le spectre lumineux qui la génère.

- Si un logo est destiné à être publié sur Internet (sur un écran), les couleurs seront rendues par le spectre RVB spécifique à la palette colorimétrique d'un écran (lumière). Les trois couleurs RVB donnent par addition le blanc.

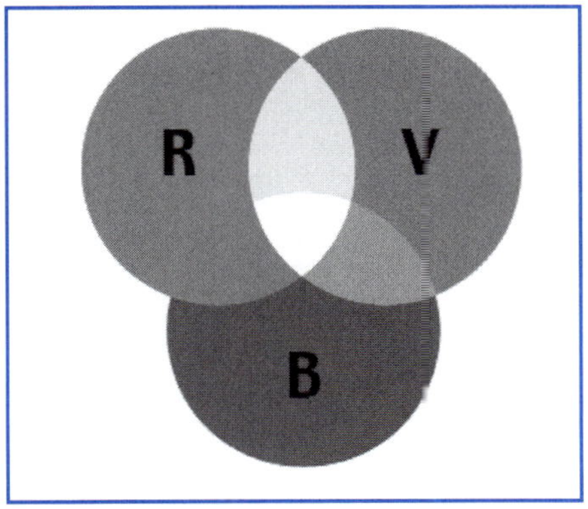

Spectre colorimétrique RVB

SUITE

- Si le document est destiné à être imprimé en Offset (technique d'impression propre à l'imprimerie), le spectre utilisé sera le CMJN, qui correspond à la représentation colorimétrique des encres imprimables sur papier. Ce qui donne par addition de couleurs la couleur noire (enfin pas tout à fait, c'est pour cette raison que l'impression du noir est également prévue).

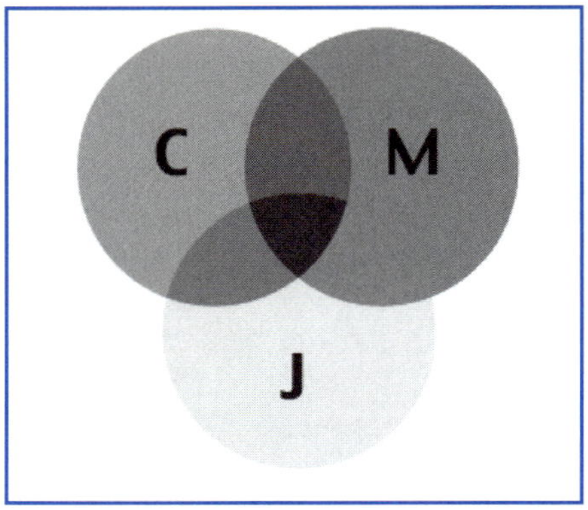

Spectre colorimétrique CMJ

Certaines couleurs du spectre RVB ne sont pas interprétables en couleurs CMJN et vice versa. Normal, le spectre RVB est généré par de la lumière, le spectre CMJN est lui imprimé et partiellement absorbé par le papier.

Ici, la même couleur résultante des deux *spectres* (appelés également *modes*).

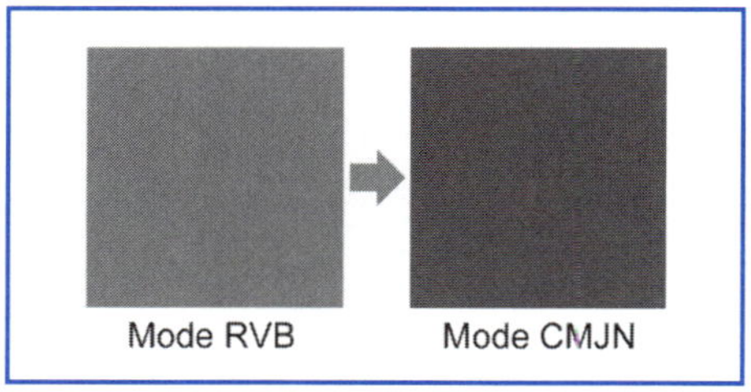

Différence entre deux modes colorimétriques pour une même couleur

Cette incompatibilité colorimétrique provient du fait que les deux spectres ne recouvrent pas identiquement les mêmes plages de couleur.

Le spectre de la couleur Pantone occupe une zone colorimétrique encore différente de celle des deux autres spectres.

Représentation des différents spectres colorimétriques et de leurs recouvrements

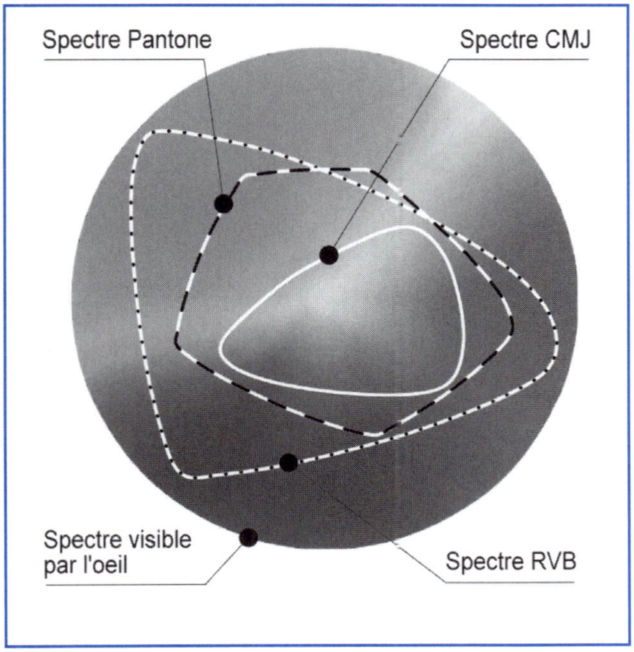

Cette maîtrise des techniques de production en aval de votre travail de création vous évitera bien des surprises.

La vigilance est de rigueur quand il est question de gérer une même couleur via plusieurs techniques de production différentes.

Force est de constater, et pour conclure, que le rendu d'une même couleur sera de tonalité différente suivant qu'elle est :

- Visualisée sur un écran (spectre RVB).
- Imprimée via une imprimante personnelle (spectre CMJN en jet d'encre, sans trame).
- Imprimée en couleurs Pantone via une rotative d'impression (aplat de couleur).
- Imprimée en couleurs offset via une rotative d'impression (spectre CMJN imprimé via une trame).
- Imprimée sur des papiers de qualité différente.

De plus, il est certain que la source lumineuse sous laquelle vous consultez la couleur interfère également dans sa représentation.

SUITE

5 – Les pistes visuelles de réflexions

Ce paragraphe énumère une série de petits conseils ou de petits *trucs* qui entourent la création d'un logo avec, tantôt un impact sur la création, tantôt un impact sur la technique de production. L'application de tous ces astuces et conseils n'est pas une fin en soi, mais représente une sorte de gage d'un travail professionnel *justement* réalisé.

- Un logo respecte les lignes de conduite déterminées par le cahier des charges. Suivant ce cahier des charges, un logo fait référence à une histoire, à une tradition, à une culture, à un savoir-faire, à une architecture, à une diffusion géographique, à un mouvement, à un dynamisme, à une sagesse, à un apport de calme, à un aspect *Jeune*... Ne perdez pas de temps, le *cahier des charges* est le berceau de votre création.

- Un logo est une synthèse graphique, un épurement formel d'un objet, d'un bâtiment, d'un verbe ou de la représentation d'une action. Il faut travailler et retravailler la forme à la manière d'un sculpteur pour la rendre la plus pure possible, tout en gardant une compréhension instantanée du message qu'elle porte. Créer un logo est l'art de concevoir un projet d'expression visuelle unique, juste, sensible et durable.

Épuration du graphisme

- Un logo est généralement composé d'une ou deux couleurs différentes ; une troisième couleur n'apporte pas grand chose au visuel mais augmente considérablement son coût d'impression. Une impression en deux couleurs peut générer *gratuitement* une troisième couleur. Par exemple, une impression d'un aplat de couleur jaune partiellement recouverte d'un aplat de couleur bleue fera apparaître une couleur verte. Cette troisième couleur émane d'une perception visuelle et non d'une application technique, alors c'est toujours bon à prendre.

- Les étapes traditionnelles en aval de la création d'un document électronique sont : la gestion de la couleur, la préparation au flashage (la gestion du bord perdu et des traits de coupe), le flashage, l'impression (Offset, Numérique), le choix du type de papier, l'emploi d'une forme à découper, le mode de reliure... La création d'un logo n'est qu'un maillon d'une longue chaîne de production !

  Il est très important de posséder une bonne connaissance de ces différents procédés de production avant de générer un logo. La méthode la plus efficace pour comprendre ces techniques reste la rencontre *sur le terrain* d'un professionnel de l'imprimerie qui vous guidera dans l'apprentissage des grands principes d'impression et vous permettra de voir les rotatives tourner.

- Plus un logo est représentatif de l'activité qu'il soutient, mieux il sera reconnu et mémorisable. Les mots s'oublient, seules les images restent, l'apport d'un graphisme dans un logo est la méthode la plus efficace pour laisser une trace dans la mémoire collective.

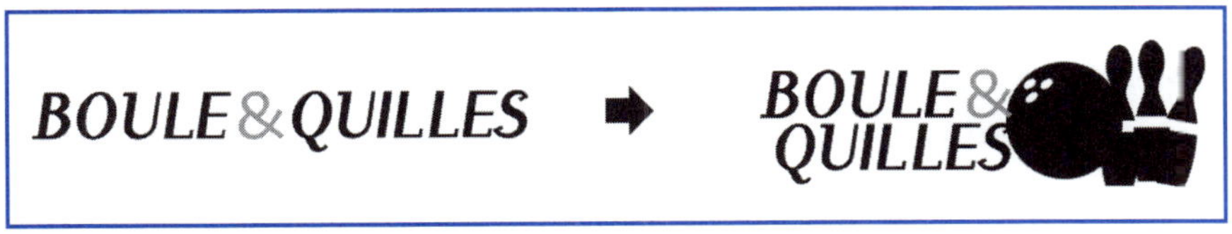

Les mots s'oublient, seules les images restent

- Il est important de prévoir une méthode soutenue et efficace de communication du nouveau logo une fois qu'il sera imprimé et divulgué au grand public. Dans l'exemple suivant, pouvez-vous déterminer le produit que représente ce dessin ?

SUITE

Le même dessin complété d'un logo permet de lire le produit : une banane et non une bouche de petit bonhomme qui est là uniquement pour perturber le message, c'est ça la communication visuelle.

C'est grâce à une communication mondiale très soutenue que la simple application du logo de l'entreprise sur un graphisme stylisé du produit fait apparaître une image bien connue. L'importance du logo est bien réelle.

- Suivant son domaine d'application, un logo peut être horizontal ou vertical, ce choix s'établit d'après le cahier des charges et donc d'après le secteur d'activité de l'entreprise. Une entreprise de construction en bâtiments, est plus désignée à soutenir un logo vertical, et une entreprise de service de transport ferroviaire est plus désignée à soutenir un logo horizontal. L'inverse est difficilement concevable.

Un logo vertical et un logo horizontal

- L'association visuelle est également un bon terrain de recherche pour l'é-laboration d'un logo. Dans l'exemple ci-dessous, le message est sim-ple et efficace, c'est l'œil apeuré du dauphin qui donne tout le sens au visuel. Encore faut-il parvenir à intégrer les éléments sous une forme graphique globale cohérente, ce qui n'est pas encore gagné.

Association visuelle

- Un logo doit fonctionner comme un *cachet*, c'est-à-dire que le logo doit *tenir* en noir et blanc (une couleur), comme s'il fallait l'utiliser pour obli-térer une lettre à la poste. Cette spécificité permettra au logo d'être utili-sé pour le papier fax dont la technologie de transmission ne permet pas une grande finesse d'impression. Une version simplifiée du logo (appe-lée également déclinaison) peut être utilisée en impression à une couleur sur les cartons d'emballage des produits de l'entreprise.

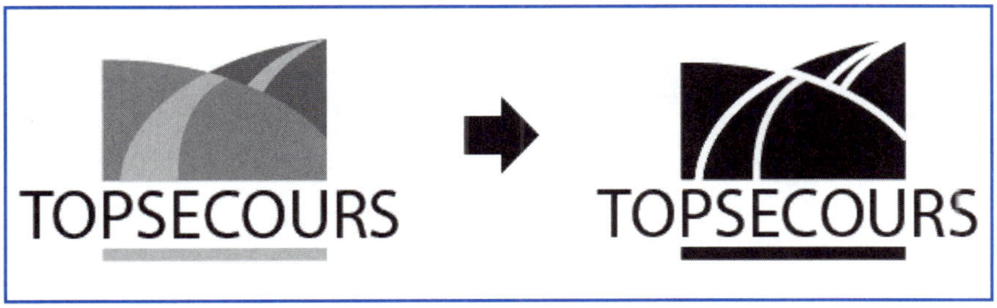

Un logo doit fonctionner comme un cachet

SUITE

- Le logo doit donner naissance à une référence visuelle du produit qu'il soutient. Il est bien de pouvoir identifier rapidement un produit par son logo, même si le logo est fragmenté.

Cachez certaines parties du logo créé à l'aide d'une feuille de papier pour découvrir s'il est toujours lisible même partiellement. Ce constat a ses limites bien évidemment mais il faut en tenir compte dans le processus de création.

- Dans l'exemple des deux bouteilles de vin cassées du visuel A, pouvez-vous distinguer ces deux marques de vin ? (non)
- Dans l'exemple des deux bouteilles d'eau du visuel B, pouvez-vous identifier une des deux marques ? (oui)

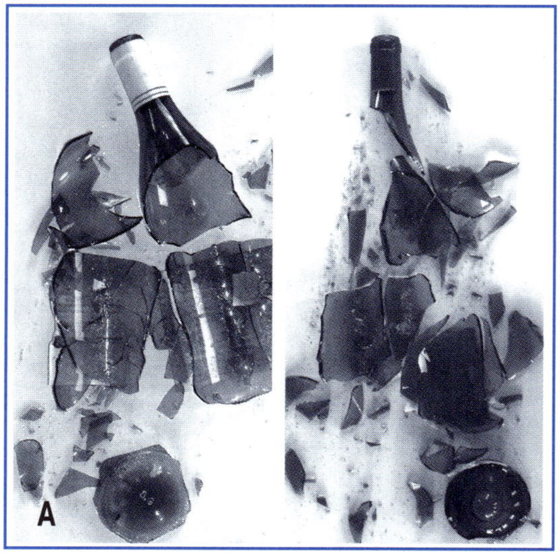

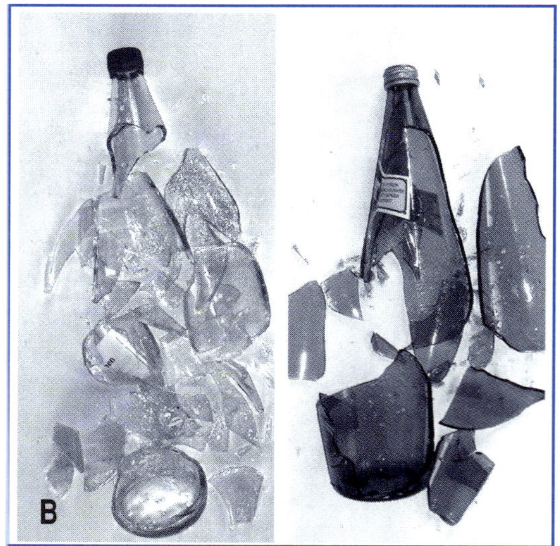

C'est fou, non ?

Le même principe peut être appliqué à un logo, dans l'exemple ci-dessous, le premier logo reste reconnaissable grâce à ses traits spécifiques ; dans le second exemple, le logo est très simple et pur, ce qui est très bien d'un point de vue graphique, mais qui l'est un peu moins au niveau de l'identification du logo lorsqu'il est partiellement caché ou fragmenté. C'est une question de choix.

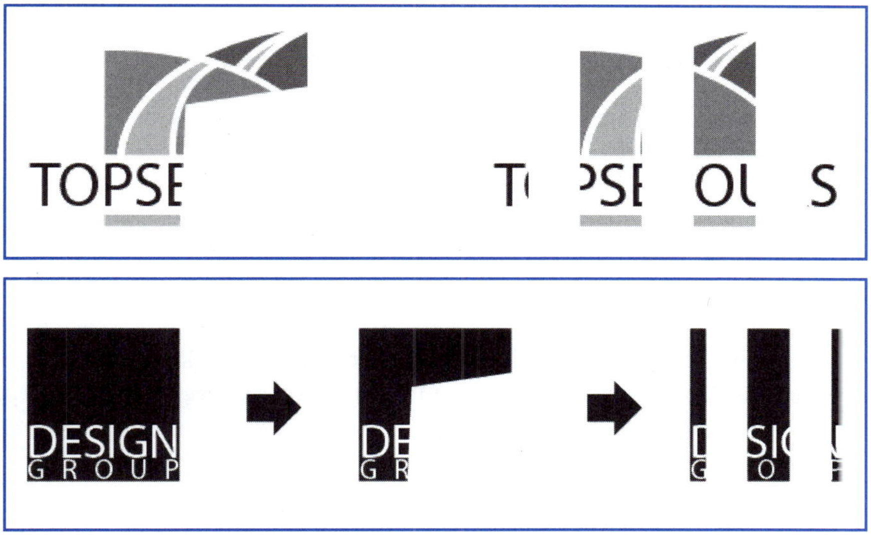

Un logo doit fonctionner même fragmenté, la seconde solution est moins reconnaissable par son logo moins spécifique

- Certaines connotations animales peuvent être un support à la réalisation d'un logo, il est alors conseillé de synthétiser la forme de l'animal pour en tirer une puissance graphique.

  Le coq est fier - le taureau est fort - l'abeille est travailleuse - le lièvre est rapide – l'aigle est puissant et aérien – le panda est en voie de disparition – le jaguar est rapide – le cheval est libre – le chameau fait référence au désert, aux grandes étendues – le chat est doux et ronronnant – l'écureuil est économe – la colombe est libre...

Certaines connotations animales peuvent être un support à la réalisation d'un logo

- Les couleurs ont également une certaine connotation, le rouge est vif il représente la fougue, l'énergie, la jeunesse ; le bleu représente le calme, l'apaisement, la sagesse ; le vert peut faire référence à l'écologie ; le jaune or fait référence à la richesse, à la classe ; le jaune orangé fait réfé-

SUITE

rence au soleil levant ; le magenta et le mauve font référence à la fête et le noir à la nuit. Toutes ces connotations ne sont pas des vérités en soi.

- Pour une mise en page d'un logo sur un papier à lettres, la tradition veut que les logos soient placés dans le coin supérieur gauche de la feuille. Pour feuilleter un paquet de feuilles, généralement, la liasse de feuilles est tenue de la main gauche et la main droite fait défiler rapidement les feuilles, un peu comme le geste que vous avez effectué avant d'acheter ce manuel. Il est donc plus logique de placer le logo dans le coin supérieur droit de la feuille, il est alors plus facilement repérable. Un logo placé en haut à gauche sera moins accessible visuellement qu'un logo placé en haut à droite ; reste qu'il ne doit pas empiéter sur l'espace nécessaire à l'adresse du destinataire, généralement imprimé en haut à droite.

  Pour rendre le papier à lettres de la société plus facilement repérable dans une pile de documents, une impression à bord perdu peut donner un effet inattendu. Une impression à bord perdu est une impression où la couleur imprimée touche le bord de la feuille. La couleur est imprimée au-delà du bord de la feuille et c'est au rognage (découpe du format de la feuille après impression) que le bord perdu apparaît. L'astuce réside ici, dans la découpe de la rogneuse qui coupe le paquet de feuilles imprimées. Le couteau coupe la zone imprimée du bord perdu et une partie de l'encre d'impression *salit* la tranche de la feuille. Un repère visuel *gratuit* apparaît sur la tranche de la feuille. Même une feuille isolée dans un paquet de feuilles vierges sera reconnaissable. Ce repère visuel peut être important pour votre client quand il faut retrouver rapidement son offre de prix dans une pile de documents.

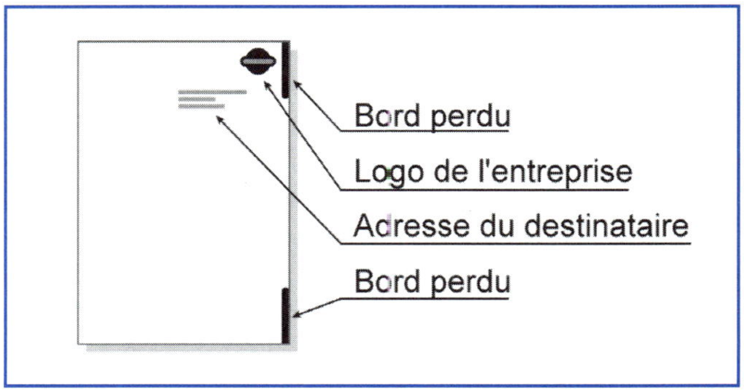

- La forme globale (hors tout) d'un logo est très importante. Le but d'une forme extérieure d'un logo est de garder, dans la mesure du possible, le regard au centre du logo.

  Il y a deux formes qui répondent bien à cette attente ; le cercle et l'ellipse. Au passage, il est à souligner le côté accueillant, doux et chaleureux de ces formes.

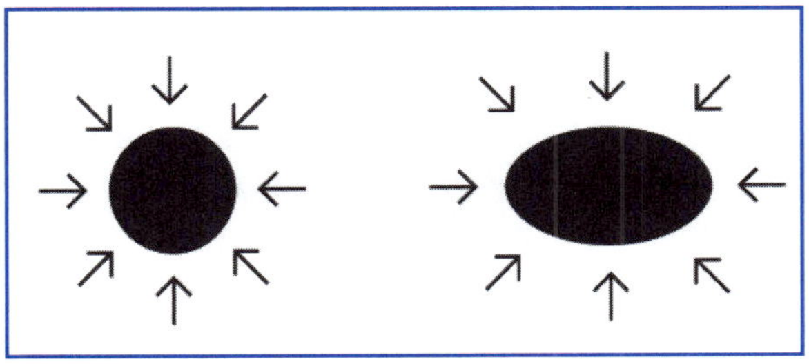

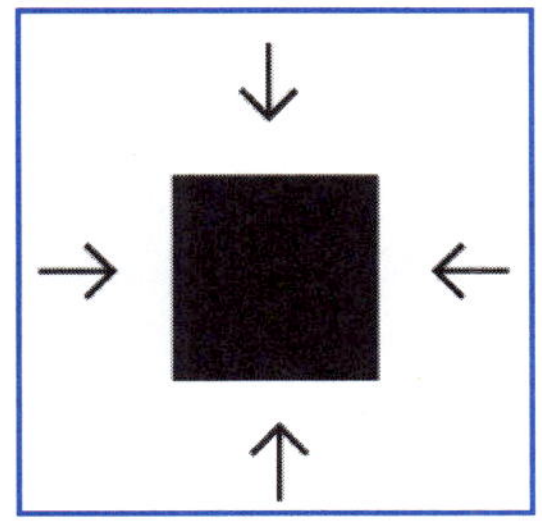

Le carré fait preuve d'une grande stabilité, d'une certaine rigueur, mais il est moins convivial, moins accueillant par l'importance de ses coins. Le regard converge également en son centre.

En règle générale, il faut éviter d'éparpiller le regard, de le faire fuir. Un logo de forme triangulaire ou d'une forme quelconque très éclatée est donc à éviter. Le triangle est une forme particulièrement agressive, c'est pour cette raison qu'il est notamment utilisé dans le code de la route ou pour le marquage de produits dangereux.

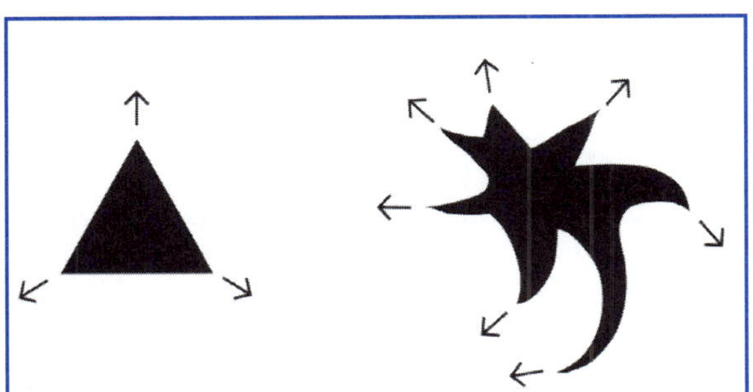

Un logo à base de lettres uniquement (classification des lettrages) est constitué d'un assemblage de caractères qui donnent un résultat graphique parfois fort éclaté. La solution pour redonner au logo une lecture

SUITE

plus centrée est d'inscrire le lettrage dans une forme graphique plus harmonieuse, plus ronde, un peu à l'image du logo Heinz Tomato Ketchup ou celui de Lipton Tea.

- La direction générale influée par un logo est primordiale, à nouveau c'est le cahier des charges qui définira si le logo doit avoir un visuel de stabilité ou de dynamisme. Il est à constater que les logos les plus dynamiques sont ceux qui donnent un mouvement vers la droite combiné à un mouvement vers le haut. D'où provient ce sentiment ?

  De plusieurs facteurs, le premier est culturel, il émane de notre sens de lecture de gauche à droite. Un autre facteur pourrait être la référence lointaine à des images comme la représentation d'une voiture qui freine dans un dessin animé ; la voiture est penchée dans le sens contraire de sa progression. Dans l'exemple des trois lettrages ci-dessous, le premier donne une impression de freinage, le second une impression de stabilité et le dernier une impression de dynamisme et d'action.

  Le regard tend à suivre la direction imprimée par le logo. Dans les quatre visuels suivants, le mouvement du regard est représenté par la flèche blanche. Les deux premières directions sont négatives, il vaut mieux ne pas entraîner le regard vers la gauche, ni vers le bas, cela fait référence à un diagramme d'une mauvaise conjoncture... rien de positif. Les deux derniers visuels sont de lecture plus positive, voire dynamique.

- Un test incontournable à réaliser pour contrôler la qualité graphique d'un logo est son aptitude à *tenir* à un fort taux de diminution.

  Un logo doit rester parfaitement lisible sur une carte de visite, bien entendu, mais également à l'impression sur un bic ou un pin's, c'est-à-dire un objet de taille bien plus petite. Il faut à cet effet, réaliser une série d'essais préalables en copiant le logo à des échelles différentes afin de pouvoir contrôler sa *résistance* à la diminution. Cette phase est réalisée dans la deuxième étape du *cahier des charges* et s'appelle le travail de déclinaisons. Les déclinaisons des trois avant-projets sont d'ailleurs présentées au client.

Le test de la résistance à la diminution est capital

Dans l'exemple ci-dessus, il est à constater qu'un trait fin (appelé également filet ou contour) de l'exemple de gauche ne *résiste* pas à la diminution prononcée, il a tendance à disparaître. Ceci ne veut pas dire qu'il faut

SUITE

systématiquement grossir les traits au risque d'alourdir le logo, mais bien d'être vigilant afin de trouver un juste milieu visuel entre l'efficacité et l'élégance.

Un bon exemple de cette préoccupation est l'évolution du logo Shell dans le temps. Shell, coquillage en anglais fait référence au sédiment d'où est extrait le pétrole. En 1900, le logo était la copie graphique conforme d'un coquillage existant, aussi était-il pourvu d'une multitude de détails graphiques parfois très petits et fins, difficiles à reproduire. Au fil des années, le logo a été redessiné dans le but d'apurer sa forme afin de garantir une reproduction identique, peu importe le lieu et la taille de l'impression.

Création, pour un fleuriste, d'un logo qui fonctionne au cachet et à la réduction (à droite)

La comparaison entre les deux réductions d'échelle de ces logos, du même constat.

Cette comparaison met bien en évidence les améliorations graphiques apportées au logo de droite comme la simplification du trait permettant une réduction parfaite sans perte de lisibilité. Le logo de gauche perd lui, une grande partie de ses détails pour terminer littéralement sous forme de tâche.

6– Les pièges graphiques et les erreurs de goût

La création est illimitée, mais tout effet graphique n'est pourtant pas permis. Un logo doit rester *vendable*. Il y a un certain nombre de règles à respecter pour donner à votre travail un aspect professionnel.

Voici au travers de quelques exemples, les pièges graphiques et les erreurs de goût à éviter.

Chaque exemple graphique sera précédé d'un pouce levé ou abaissé pour montrer rapidement la pertinence de l'effet graphique.

Concernant les polices de caractères

- Comme expliqué plus haut dans le chapitre des éléments de typographie, il est conseillé de ne pas travailler avec plus de deux familles de polices de caractères différentes pour garder une certaine cohérence visuelle. Cette remarque vaut également pour la mise en page des documents traditionnels comme le papier à lettres, les enveloppes, les cartes de visite, le rapport annuel...
- Le choix d'une police de caractères lisible est incontournable dans l'élaboration d'un logo ou d'une mise en page professionnelle.
  - Dans ce premier exemple, la police de caractères est un Gill Sans, police bâton, élégante et bien lisible.

Aliquam erat volutpat.
Ut wisi enim ad minim veniam, quis nostrud exerci tation ullamcorper suscipit lobortis nisl ut aliquip ex ea commodo consequat. Duis autem vel eum iriure dolor in hendrerit in vulputate velit ess.

SUITE

- Assurément, cette police est illisible, impossible de distinguer un U d'un I et d'un M. Elle est également très grasse ce qui n'arrange rien à son élégance.
Police utilisée : Cloister Black BT

AB

Aliquam erat volutpat.
Ut wisi enim ad minim veniam, quis nostrud exerci tation ullamcorper suscipit lobortis nisl ut aliquip ex ea commodo consequat. Duis autem vel eum iriure dolor in hendrerit in vulputate velit ess.

- Cette police est graphiquement trop chargée de détails, elle peut être utilisée comme lettrine de début de texte ou comme élément graphique isolé, mais pas comme police de texte.
Police utilisée : Laser Chrome LE

AB

Aliquam erat volutpat.
Ut wisi enim ad minim veniam, quis nostrud exerci tation ullamcorper suscipit lobortis nisl ut aliquip ex ea commodo consequat. Duis autem vel eum iriure dolor in hendrerit in vulputate velit ess.

- Cette police est très élégante, son coup de fouet lui donne une certaine force. Elle peut également être utilisée comme lettrine de début de texte ou comme élément graphique isolé, mais pas comme police de texte ou elle devient difficile à lire.
Police utilisée : Humana Script

AB

Aliquam erat volutpat.
Ut wisi enim ad minim veniam, quis nostrud exerci tation ullamcorper suscipit lobortis nisl ut aliquip ex ea commodo consequat. Duis autem vel eum iriure dolor in hendrerit in vulputate velit ess.

Cette police-ci est bien lisible, mais elle fait référence à un cadran à cristaux liquides des premières montres électroniques. Cette police est un peu dépassée, difficile de la proposer comme visuel de référence pour une entreprise actuelle.

Police utilisée : Digital

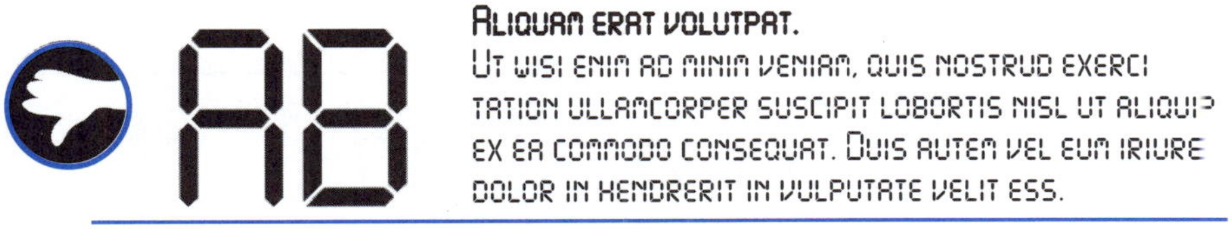

- Certains logiciels graphiques permettent de travailler un texte dans des proportions illimitées. Tout n'est pas du meilleur goût. Il faut éviter, par exemple, de barder en texte d'une multitude d'effets visuels différents.

- Il est très tentant d'étirer ou de compresser une police de caractères. Une mise à l'échelle horizontale est admise dans une proportion de compression maximale de 80 %. Au-delà de ce taux de compression, il vaut mieux faire appel à une police de caractères déjà compressée par le typographe qui l'a créée.

1- Police *Futura Medium* à une échelle horizontale de 100 %.

2- Police *Futura Medium* à une échelle horizontale de 80 %.

3- Police *Futura Medium Condensed* à une échelle horizontale de 100 %.

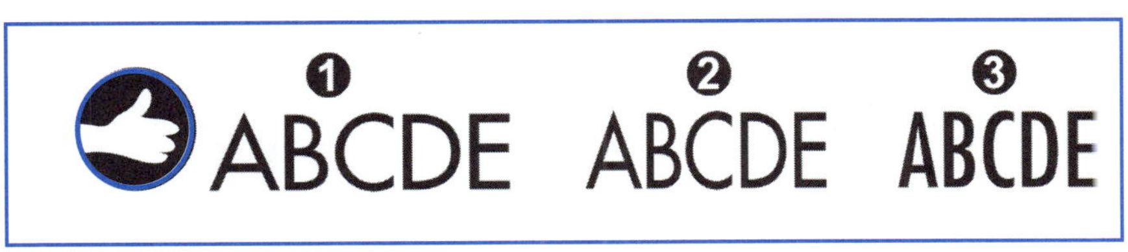

SUITE

Sans commentaires !

Concernant le graphisme

- Un graphisme de logo à connotation de personnage de bande dessinée est rarement conseillé, sauf pour une entreprise spécialisée dans ce secteur. Encore faut-il alors un fameux travail graphique pour styliser les formes du dessin. Il ne faut pas oublier qu'un logo est une représentation graphique subtile et condensée.
  - Cet exemple est à éviter particulièrement.

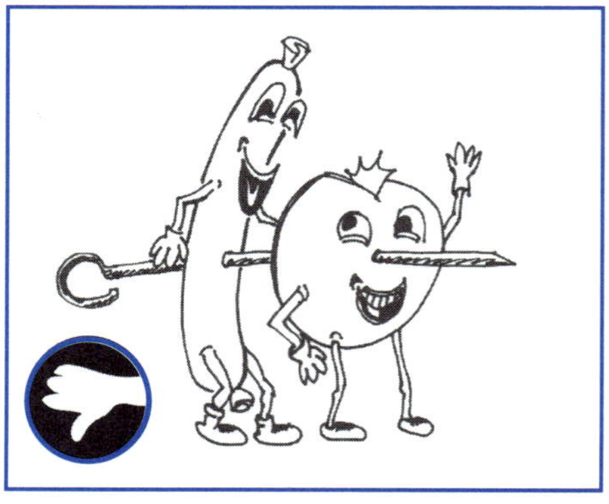

- Le dégradé est un élément graphique particulièrement délicat à utiliser, pour plusieurs raisons :

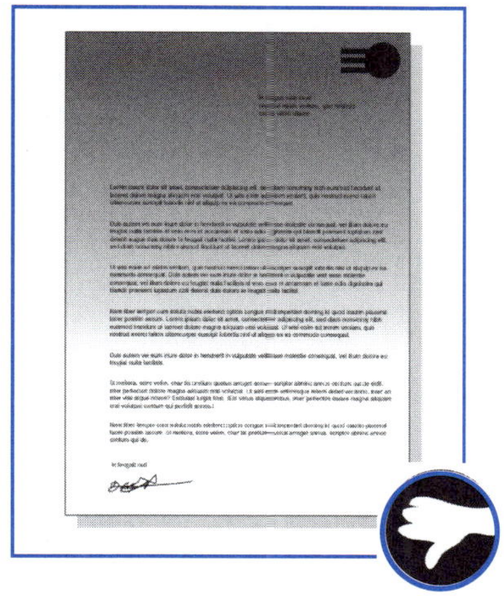

  - Un dégradé n'est jamais facile à imprimer, car la moindre imperfection occasionnée par le travail des rotatives d'impression est très visible. Elle est bien moins visible dans un aplat de couleur.
  - Un dégradé d'arrière plan en pleine page est à éviter pour une question subjective de bon goût et une question de lisibilité du document.
  - En règle générale, il faut éviter d'utiliser toutes les couleurs de l'arc-en-ciel au sein d'un logo ou d'une mise en page.
  - Un dégradé peut avoir une certaine élégance quand il est utilisé par fines bandes horizontales ou verticales.

- Petit exemple de confusion de lecture totalement prévisible.
  - Un logo dynamique est créé, avec un mouvement appuyé vers la droite, très bien. Placé dans un contexte d'indication routière à l'entrée d'un zoning industriel, ce logo peut amener une certaine confusion.

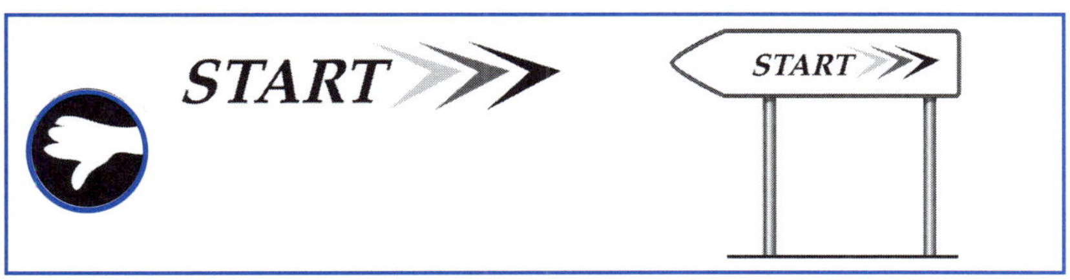

- Enfin, concernant l'écriture d'un texte vertical, il faut le placer en lecture du bas vers le haut, aussi bien pour la tranche d'un livre que pour une enseigne.
  - Le premier exemple est illisible, surtout en voiture, le second à une connotation négative et est difficile à lire, le dernier est idéal.

L'Atelier

Création de logos et de chartes graphiques

La charte graphique, sa raison d'être

5

La charte graphique, sa raison d'être

L'OBJECTIF

L'objet de ce chapitre est de définir l'utilité de l'élaboration d'une charte graphique, sa composition, son principe d'utilisation et de déterminer les personnes à qui elle est destinée.

Lorsque le travail de création d'un nouveau logo se termine, il faut passer à la phase de mise en situation du logo sur les différents supports énumérés dans le cahier des charges.

Les différentes applications du logo sur différents supports doivent garder une harmonie générale, un esprit de famille, c'est l'*image visuelle globale*.

La charte graphique rassemble l'ensemble des visuels de cette famille dans un même recueil, sorte de bible de la marque, qui sera l'outil de référence, le garde-fou en matière d'utilisation de la marque.

NB :
Vous trouverez une série d'exemples de *chartes graphiques* commentées dans le chapitre 8.

SOLUTION

Pour comprendre l'utilité d'une charte graphique il faut étudier l'utilité d'une identité visuelle qui rassemble.

1 – Le logo, porte-drapeau de l'identité visuelle

Le travail de création du logo, nous l'avons vu, consiste, à partir du cahier des charges établi avec le client, de trouver l'étincelle, l'idée originale qui identifiera le client dans son secteur d'activité.

Cette étape étant franchie, il est important de situer la place du logo et son rôle pivot dans la vue d'ensemble d'une entreprise.

Un logo fonctionne rarement tout seul, il est généralement utilisé sur plusieurs supports à des fins différentes (c'est bien là son utilité). Plus qu'un petit dessin, son rôle est de lier les entités de l'entreprise pour générer une vue d'ensemble, une cohésion des différentes structures de l'établissement.

Imaginons une entreprise dépourvue d'image visuelle globale, cela existe et ce n'est pas une tare, généralement c'est un nom sous forme de lettrage sans police de caractères spécifique qui fait office de logo.

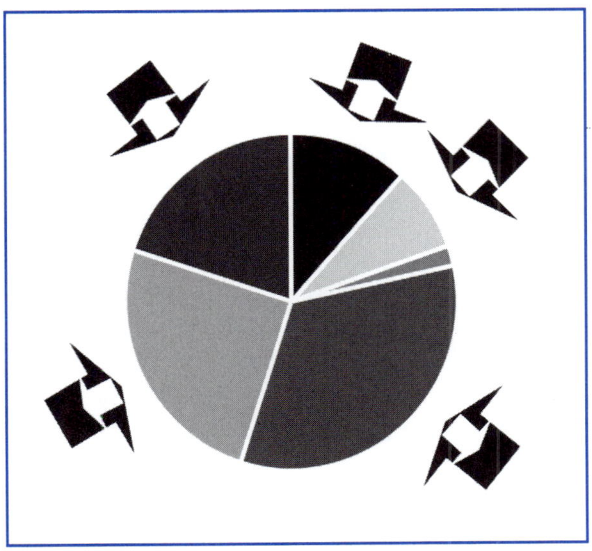

- Bâtiment, agencement intérieur.
- Courrier, publicité, site Internet.
- Offres de prix, bons de commande.
- Services téléphoniques, accueil.
- Produits, emballages.
- Uniforme du personnel.

L'entreprise au regard de l'extérieur - chaque canal renvoie une image différente de l'entreprise

SUITE

Une entreprise communique avec le monde extérieur par divers canaux spécifiques à son secteur d'activité mais également par des canaux plus traditionnels comme la rédaction d'offres de prix, l'émission de bons de commandes, l'échange de lettres ou de courriels, la publicité dans des journaux, des revues. Elle communique également spontanément, par l'accueil de visiteurs dans des salles de réunions prévues à cet effet. si l'entreprise ne possède pas d'image visuelle globale, chaque secteur qui a un contact avec l'extérieur développe, au fil du temps, une représentation spécifique de son propre secteur qu'il restitue à l'extérieur (flèche blanche à contre sens dans le graphique précédent). L'entreprise se retrouve alors pourvue d'une série de moyens de communication internes différents qui se répercutent sur la perception externe de celle-ci. Cela fait un peu désordre, non structuré et peu professionnel.

Un exemple explicite, est celui d'une grande maison d'édition de livres qui possédait pas moins d'une quinzaine de logos différents représentant autant d'entités différentes de l'entreprise. Il y avait un sérieux problème de confusion dans la vue globale de la société, aussi bien du point de vue du travailleur que d'une personne étrangère à l'entreprise. Cette erreur de stratégie est à ce jour corrigée.

Le logo unique est le remède à cette situation quelque peu chaotique. Le logo aide à lire la structure globale de la société de manière interne et externe et à clarifier une activité ou un positionnement sur un marché.

Le regard extérieur que l'on porte sur une entreprise doit être une image globale engendrée par le logo

2 – Quelle est l'utilité d'une charte graphique ?

Puisque le logo est l'élément clef fédérateur de l'image visuelle globale, et que ses applications sur différents supports font naître une série de variations de son utilisation, il est indispensable de rassembler toutes ses variations d'utilisation dans un recueil unique, sorte de livre *mémoire*. C'est le but de la charte graphique.

1- Le but de l'élaboration d'une charte graphique.

2- La composition d'une charte graphique.

3- Le principe d'utilisation d'une charte graphique.

Le but de l'élaboration d'une charte graphique

La charte graphique est le *liant* garant de l'intégrité de la diffusion d'une image globale. Elle permet d'imprimer un papier à lettres, une enseigne, une affiche, tout autour de la planète en garantissant un respect de la forme du logo, de son positionnement dans l'espace et de ses couleurs.

Spécifique aux grandes entreprises ayant un rayonnement mondial, la charte graphique est un document papier présenté sous forme de livre ou de fardes, regroupant l'ensemble des informations nécessaires à l'utilisation et la production de visuels qui concernent la communication globale de l'entreprise. Ce recueil est un grand travail de conception, de mise en page en différentes langues et d'impression (généralement en petite quantité, quelques centaines d'exemplaires).

La nouvelle charte graphique du constructeur automobile Ford

SUITE

Ces caractéristiques de production très spécifiques en font un outil très pratique, incontournable même, mais très onéreux.

L'évolution des technologies de communication, comme l'utilisation d'Internet a fait apparaître les chartes graphiques électroniques, ce qui réduit considérablement les coûts de publication de la charte et permet à un plus grand nombre de personnes averties de pouvoir consulter, en temps réel, la conformité de l'utilisation de l'image de l'entreprise.

La composition d'une charte graphique

La composition d'une charte graphique est fonction de l'activité de l'entreprise. Dans l'exemple suivant, la composition de la charte est une synthèse de trois chartes graphiques propre au secteur automobile.

- Définition de l'entreprise, petit historique, définition de la stratégie commerciale développée.
- Le logo, seul dans sa forme, la définition des couleurs qui le composent ainsi que de sa typographie.
- Les conditions d'application du logo sur les supports papier traditionnels comme le papier à lettres, les cartes de visite, le papier fax, le carton de compliments, les offres, le papier à factures...
- Les conditions d'application du logo en matière d'enseignes, de signalisation, de balisage, drapeaux, marquage au sol dans les aires de parking et de panneaux annonciateurs.
- Les conditions d'application du logo sur le charroi, camions, camionnettes, voitures, conteneurs...
- Les conditions d'application du logo sur les différents emballages dont celui des pièces mécaniques.
- Les conditions d'application du logo sur toutes sortes de supports publi-

citaires ou promotionnels, tels que des cendriers, porte-clefs, petits drapeaux, sacs plastiques, dépliants...

- Les conditions d'application du logo sur le produit lui-même, ici des voitures, sur le coffre, au centre du volant, sur les enjoliveurs...
- Les conditions d'application du logo sur les stands lors de foires de représentation.

Chacun de ces volets est défini en détail, avec des cotations de positionnement, des règles à suivre et les utilisations à proscrire. Des exemples sont présentés dans le dernier chapitre du manuel.

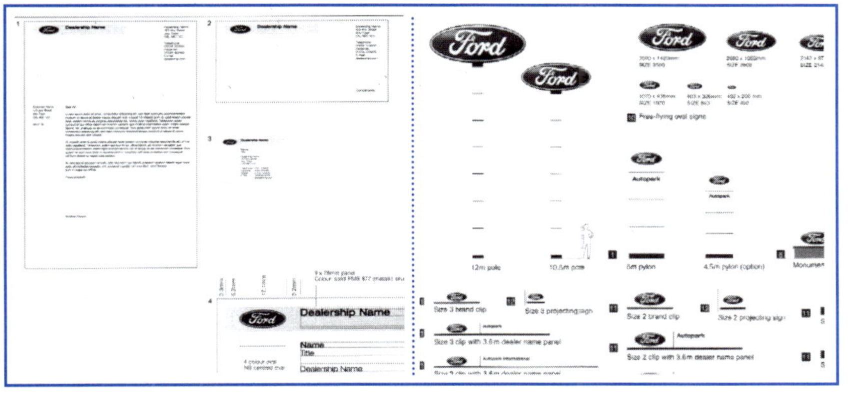

Deux exemples de fiches d'instructions en vue de la production

Le principe d'utilisation d'une charte graphique

Le principe d'utilisation d'une charte graphique est simple, il est destiné à piloter les différents fournisseurs qui vont exécuter la production de l'image sur un support.

Il suffit de se référer à la partie concernée dans la charte graphique pour trouver l'ensemble des informations techniques nécessaires à la juste exécution du travail.

FIN

L'Atelier

Création de logos et de chartes graphiques

Un peu de jurisprudence

6

Un peu de jurisprudence

L'OBJECTIF

Ce chapitre particulier a pour but de parler du droit d'auteur dans le cadre de la création d'un logo.

Souvent, une question sur la protection d'une création ne trouve pas de réponse claire et compréhensible. Aussi, pour tenter de vulgariser le sujet, pour autant que ce soit possible, Claude Katz, avocat spécialisé en droits d'auteur et professeur de cette matière à l'ENSAV La Cambre de Bruxelles a aidé à l'élaboration de ce chapitre et a cadré le sujet en l'abordant par trois sections différentes.

- une brève évocation de la loi,

- le résumé d'une procédure judiciaire, datant de 1997 qui portait sur les modifications apportées à un logo, par ailleurs célèbre,

- une brève interview sur le thème des droits d'auteur.

SOLUTION

Connaître la loi concernée, connaître ses droits et ses devoirs, avoir une réponse à certaines questions concernant le droit d'auteur.

1 – Brève évocation de la loi – Les textes légaux

La loi (belge mais la législation française y est comparable) du 30 juin 1994 sur le droit d'auteur et les droits voisins (ci-après LDADV) protège les auteurs d'un logo, comme les autres créateurs.

L'article premier de la loi -reproduit ci-après- détaille les droits patrimoniaux et les droits moraux d'un auteur.
Les premiers lui reconnaissent le monopole de la reproduction et de la communication au public de son œuvre, de quelque manière et sous quelque forme que ce soit.
Les droits moraux, eux, sont inaliénables et restent attachés à la personne de l'auteur, même si celui-ci a vendu son œuvre (le support original de son œuvre), voire s'il a vendu tous les droits d'exploitation de celle-ci.

Article 1

§ 1. L'auteur d'une œuvre littéraire ou artistique a seul le droit de la reproduire ou d'en autoriser la reproduction, de quelque manière et sous quelque forme que ce soit.

Ce droit comporte notamment le droit exclusif d'en autoriser l'adaptation ou la traduction.

Ce droit comprend également le droit exclusif d'en autoriser la location ou le prêt.

L'auteur d'une œuvre littéraire ou artistique a seul le droit de la communiquer au public par un procédé quelconque.

§ 2. L'auteur d'une œuvre littéraire ou artistique jouit sur celle-ci d'un droit moral inaliénable.

SUITE

La renonciation globale à l'exercice futur de ce droit est nulle.

Celui-ci comporte le droit de divulguer l'œuvre.

Les œuvres non divulguées sont insaisissables.

L'auteur a le droit de revendiquer ou de refuser la paternité de l'œuvre.

Il dispose du droit au respect de son œuvre lui permettant de s'opposer à toute modification de celle-ci.

Nonobstant toute renonciation, il conserve le droit de s'opposer à toute déformation, mutilation ou autre modification de cette œuvre ou à toute autre atteinte à la même œuvre, préjudiciables à son honneur ou à sa réputation.

Quelle œuvre ?

L'œuvre en question n'est *protégeable* que si elle remplit deux conditions :

1- Elle doit être originale (dans le sens où elle doit faire apparaître la personnalité de son auteur).
2- Elle doit être coulée dans une certaine forme qui lui permet d'être communiquée au public (c.-à-d. qu'elle doit avoir quitté le royaume des idées, elle doit être concrétisée, même si elle est inachevée).

Ces deux conditions remplies, l'auteur d'un logo jouit sur celui-ci d'un droit moral inaliénable.
S'il est inaliénable, il ne peut donc être vendu.
La loi déclare nulle *la renonciation globale à l'exercice futur de ce droit*.

Cela implique, nécessairement, que l'auteur puisse, mais uniquement à titre partiel, renoncer à certains éléments de son droit moral, dont celui du respect de l'intangibilité de son œuvre.

Le droit moral de l'auteur lui permet de s'opposer à toute modification de celle-ci.

Aucune motivation quelconque n'est nécessaire pour justifier ce *droit du respect de l'œuvre*. C'est un droit régalien, monopolistique, au profit exclusif de l'auteur.

Il suffit que l'auteur du logo dise donc : *Ne touchez pas à ce logo,* sans autre explication, pour que l'utilisateur de cette création soit effectivement tenu de respecter l'intégrité totale de cette création.

En pratique, c'est difficile à vivre pour les deux parties...

La loi anticipe donc que l'utilisateur du logo essaiera de multiplier les hypothèses de renonciation partielle à l'intangibilité de l'œuvre et va essayer d'avoir le droit d'y apporter des modifications, de détail ou non, comme : changer le format, changer la couleur, changer l'intensité du trait, l'adapter aux circonstances nouvelles...

La loi ajoute donc, de manière impérative (ce qui signifie qu'on ne peut pas décider le contraire, même par contrat signé en toute connaissance de cause par les deux parties) que : *nonobstant toute renonciation, l'auteur conserve le droit de s'opposer à toute déformation, mutilation ou autre modification de son œuvre, ou toute autre atteinte à la même œuvre, préjudiciables à son honneur ou à sa réputation.*

Cette disposition est importante car, après avoir laissé entrouverte la porte aux renonciations contractuelles partielles à l'obligation de respecter l'intégrité de l'œuvre, il fallait éviter que ce cocontractant, s'il était, par exemple, économiquement plus fort que l'auteur, ne puisse lui *imposer des exceptions* (renonciations) si nombreuses que le caractère inaliénable de son œuvre serait devenu une gageure.

Cette protection s'avère utile dans des litiges comme celui présenté ci-après.

SUITE

2 – Résumé d'une procédure judiciaire

Le président du tribunal de première instance de Bruxelles a prononcé un jugement, le 5 août 1997, en application de l'action en cessation (art. 87 de la LDADV) qui a eu un retentissement... télévisuel important puisqu'elle concernait le logo de la RTBF*.

Son créateur, Michel Olyff, y demandait d'interdire à la RTBF de poursuivre l'utilisation d'une version modifiée de son logo (le rond central du logo avait été modifié) que la RTBF avait déjà diffusé sans son accord, après une tentative de concertation à l'amiable qui avait échoué.

De manière très synthétique (cette procédure a été publiée dans un ouvrage spécialisé : Auteurs et Média, Larcier éd. 1997, p. 291), la RTBF pour justifier la nouvelle version du logo invoquait, en résumé, trois ordres de considérations :

- primo le logo avait déjà subi plusieurs modifications, avec et parfois sans l'avis de M. Olyff ;
- la RTBF pouvait croire qu'elle disposait du droit d'adapter, de modifier le logo (théorie de l'apparence) ;
- elle réclamait, à titre subsidiaire, un sursis de deux ans pour remplacer le logo litigieux.

Le tribunal s'est penché de manière très approfondie sur le travail du graphiste, surtout sur ce qui fondait, véritablement, le caractère original du logo proposé, à savoir cette harmonie de formes, le rond dans l'ovale, etc. qui avait donné tout son sens à cette œuvre et la liait à son créateur.

Le tribunal a, à cette occasion, balayé l'argument de la RTBF qui prétendait que Monsieur Olyff avait accepté de modifier son logo, notamment en ajoutant, en dessous de celui-ci, les lettres RTB, puis la lettre F lors de la communautarisation de la télévision.

* *RTBF = Radio et Télévision Belge Francophone*

Le diffuseur prétextait aussi un travail de mise en couleurs du logo, puis le fait de l'avoir évidé pour expliquer qu'il n'était pas *intangible*.

Après les explications de Monsieur Olyff, le tribunal a estimé que le graphiste avait, soit lui-même procédé aux modifications qui avaient été apportées à son logo, soit avait participé activement à la modification suggérée en écrivant, lui-même, au bureau de design chargé de cette modification, les instructions qui permettaient de modifier la charte graphique initiale.

Donc les modifications qui avaient été apportées au logo *initial,* l'avaient été moyennant l'accord ou les instructions précises de Monsieur Olyff et il était inexact de prétendre que la RTBF avait pu (eu le droit de) modifier ce logo sans son accord.

Le tribunal constatait ensuite que, par la nouvelle modification suggérée (laquelle touchait la forme-même du logo à savoir le rond central de la forme inventée), la RTBF lui faisait perdre son équilibre et donc portait gravement atteinte à son auteur, ce qui aurait été inadmissible.

La RTBF a essayé d'utiliser la théorie de l'apparence pour dire que, compte tenu des diverses modifications déjà intervenues, le droit d'adapter le logo avait été cédé par l'auteur à l'utilisateur, en même temps que le logo en question, puisque aussi bien plusieurs autres modifications avaient été faites.

La théorie de l'apparence aurait impliqué, en l'espèce, une renonciation de la part de Monsieur Olyff de pouvoir s'opposer aux modifications de son logo.

La loi dit qu'une telle renonciation aurait été nulle (cf art. 1 §2 présenté précedemment... *renonciation globale*...).

Par ailleurs une renonciation ne se présume point et la RTBF n'a pas pu prouver que Monsieur Olyff *se désintéressait* de sa création, bien au contraire, si le logo devait être légèrement modifié, il y intervenait et, on l'a vu par le procès en question, si la RTBF voulait y faire des modifications importantes sans son accord, il s'y est opposé judiciairement, ce qui ressemble très peu à une renonciation au respect de l'intégrité de l'œuvre !

SUITE

Il est piquant de relever que le tribunal, après avoir égratigné la difficulté pour les auteurs de *suivre* les créations et de vérifier que les personnes qui acquièrent des œuvres n'y touchent point, le Juge a refusé le *délai de sursis de deux ans* réclamé par la RTBF pour changer le logo litigieux (le nouveau logo avait déjà été apposé partout, malgré l'opposition du créateur !).

Le tribunal a estimé que donner un délai de deux ans à la RTBF correspondait en réalité à leur permettre d'agir comme s'ils avaient souhaité changer le logo de la RTBF pour migrer vers un nouveau logo alors qu'en réalité, par la procédure en question, l'auteur souhaitait que ses droits soient restaurés et non plus bafoués, puisque aussi bien on avait modifié son œuvre sans son consentement.

La RTBF a donc disposé en tout et pour tout de 15 jours pour revenir à la version antérieure du logo qui avait l'approbation de son auteur, délai tellement court qu'il a, en réalité, obligé les parties à négocier un accord qu'ils ont trouvé endéans ce délai.

Les droits du créateur sur son œuvre sont analysés très en détail dans cette procédure et montrent le travail fouillé auquel se livrent les juges pour décider si, oui ou non, il y une œuvre originale en l'espèce et si, oui ou non, il y a une modification de celle-ci qui, éventuellement, pourrait porter atteinte à son honneur ou à sa réputation.

3 – Brève interview sur le thème des droits d'auteur

Me Claude Katz est avocat au barreau de Bruxelles et titulaire du cours de droits d'auteur à La Cambre depuis 1997.

- Pourquoi aborder l'affaire Olyff / RTBF dans un manuel sur le logo destiné notamment à des futurs graphistes ?

Me Claude Katz :

Cette affaire est exemplaire car elle illustre le caractère absolutiste de l'auteur d'un logo (d'une œuvre en général) sur celui-ci (celle-ci).

Il est frappant de constater combien le principe général, le droit à l'intangibilité de l'œuvre, est parfois presque oublié dans certains milieux qui utilisent beaucoup d'œuvres graphiques dans un cadre commercial (il est plus rare que le galeriste veuille changer la peinture qu'il expose, quoique l'éditeur...).

Il me paraît utile de revenir à la règle : seul l'auteur a le droit de modifier, même d'une manière infime, son œuvre et que personne d'autre n'a le droit d'y apporter la moindre retouche, fut-elle justifiée sur un plan artistique ou pratique.

- Mais dans le monde du graphisme, l'auteur du logo a-t-il encore quelque chose à dire face à la société qui le lui commande ?

Me Claude Katz :

Il est vrai que le logo est une œuvre un peu spéciale dans la mesure où elle est destinée, si j'ose dire, à être cuisinée à toutes les sauces.

Un logo peut, va faire l'objet d'une enseigne, d'une version graphique pour des papiers à en-tête, l'emballage de produits, sa publicité, bref pour des supports extrêmement nombreux et variés qu'il est impossible de lister à l'avance.

SUITE

C'est vrai mais cela n'autorise pas la société qui commande ce logo à le modifier dans sa forme, dans sa substance même, celle qui fait qu'il est une œuvre à la fois attachée à son auteur et qui devient représentative d'un produit, d'une marque, d'une société.

- Même si le graphiste remet un CD-Rom avec toutes les données digitales du logo ?

Me Claude Katz :

Le support sur lequel le graphiste remettra sa création à la société qui l'a commandé, même si grâce aux techniques d'aujourd'hui, elle est facilement modifiable, n'entraîne nullement le droit pour la personne qui acquiert cette création de l'adapter sans l'accord de l'auteur.

Ce n'est pas parce qu'aujourd'hui les techniques de reproduction des œuvres permettent à leur utilisateur de les copier à l'infini, les décliner dans des formes / couleurs / dimensions / polices de caractères / etc. différentes en un seul coup de clic que l'auteur doit accepter de voir sa création, ainsi triturée sans son accord.

- Un conseil pour les créateurs confrontés à une commande de logo ?

Me Claude Katz :

Le contrat de commande d'un logo est visé par l'art. 3 de la LDADV qui reste *d'interprétation stricte*.

Il faut toujours prévoir un contrat écrit. Il délimitera l'éventail des droits cédés de la manière la plus précise possible. Il faut fixer la rémunération de l'auteur, l'étendue des droits cédés, donc si le droit de faire certaines modifications (partielles) au logo est cédé, il faut l'indiquer expressément et précisément, afin de montrer jusqu'où ces modifications sont autorisées.

Toutes celles qui ne l'auront pas été expressément sont nécessairement interdites (c'est le principe d'interprétation restrictive des contrats de cession de droits d'auteur en faveur des auteurs).

Précisez la durée de la cession (laquelle peut être très étendue et même perdurer pendant toute la période durant laquelle ces créations sont protégées par le droit d'auteur) et revendiquez si possible le droit de connaître les supports sur lesquels le logo sera apposé ainsi que ses formes d'utilisation *nouvelles* (enseignes, produits dérivés, etc.) outre l'habituelle autorisation d'utiliser ces créations pour le book personnel de l'auteur.

J'ajouterais qu'il ne faut pas hésiter à parler des problèmes de respect des droits d'auteur et prévenir ainsi un conflit potentiel avec son cocontractant, plutôt que de se sentir floué à posteriori. Un bon contrat préalable vaut mieux qu'un litige postérieur, même gagné par l'artiste.

Création de logos et de chartes graphiques

Le juste prix

7

Le juste prix

L'OBJECTIF

L'objectif de ce chapitre est de cadrer la méthodologie de calcul de prix pour la réalisation d'une *offre de prix* en vue de la création d'un logo et également de parcourir les différents types de rémunérations du créateur.

Quoi de plus difficile que de calculer un prix ? Il ne faut pas demander de trop sous peine de perdre le client, il ne faut pas demander trop peu sous peine de ne pas s'y retrouver. Créer est un plaisir, et être justement rétribué pour son travail l'est aussi.

Ce chapitre détaille une méthode de calcul de prix pour la remise d'une offre à un client en tenant compte des différents impératifs liés à la création, la réalisation et la production d'un logo. Ce calcul de prix tiendra compte d'une série de facteurs différents comme ; le prix du travail d'un fournisseur, les charges fixes inhérentes à une pratique professionnelle, les frais techniques...

Ce chapitre comportera trois volets :

1- L'offre de prix, feu vert à une collaboration ?

2- Méthode de calcul du coût du travail de création d'un logo.

3- Les modes de rémunérations.

SOLUTION

Détailler la mission à réaliser pour le client poste par poste, action par action, afin de pouvoir en estimer le coût global.

1 – L'offre de prix, feu vert à une collaboration ?

- En quoi consiste l'offre de prix ?
  Une offre de prix est un écrit détaillant la mission qu'un client désire vous confier. Cette offre contient une liste claire du prix de vos prestations et également le prix des prestations de tiers (fournisseurs ou collègues). L'ensemble de la mission est décrite de manière fort détaillée afin d'en facilité la compréhension par le client. La liste détaillée des tâches à accomplir est généralement établie lors de la première réunion, lors de l'élaboration du cahier de charges.

- Estimer un travail en vue de la remise d'une offre de prix, c'est détailler toutes les séquences de la réalisation de ce travail. Ce détail vous le retrouvez dans les graphiques définissant la méthode de travail énoncé dans le chapitre 3- *Le processus de création passé au peigne fin*.

  Voici un récapitulatif de ces tâches :
  - Déplacements chez le client et retour (estimation du nombre).
  - Réunions (estimation du nombre).
  - Temps passé aux réunions.
  - Rédaction des comptes-rendus de réunions (nombre ?).
  - Préparation et rédaction de l'offre de prix (contact avec les fournisseurs).
  - Rédaction d'un contrat sur le droit d'auteur (si nécessaire).
  - Temps de création des projets intuitifs.
  - Création des trois avant-projets et mise sous format informatique pour le développement des projets.
  - Sorties couleur de lecture interne.
  - Mise au point des déclinaisons du logo.
  - Sorties de visuels couleur en haute résolution en vue des présentations au client.
  - Développement du projet définitif.

SUITE

- Développement d'exemples d'applications du logo sur différents supports.
- Préparation à la production des différents fichiers informatiques en vue de la production.
- Suivi de la production, si cette mission vous est demandée.

- Il n'est pas inutile de rappeler le contexte, stratégique, économique dans lequel doit se dérouler la mission afin de montrer à votre interlocuteur que vous avez bien saisi les données du problème posé.
- Souvent, un client demande une *estimation* rapide de prix, évitez de vous engager sur une *estimation* de prix sans analyse, prenez le temps de réaliser une *offre de prix* en bonne et due forme. Évitez de donner un prix sans avoir collecté, au préalable, les prix des différents fournisseurs que vous engagez par votre parole, et sans avoir estimé vos prestations pour la mission. Dans le vif de l'action, on *oublie* facilement certaines tâches...
- Prévoyez un peu plus de temps pour une mission qu'un peu moins, vous n'êtes pas à l'abri d'un problème technique chez vous ou chez votre fournisseur. Un travail exécuté très rapidement est toujours plus *cher* qu'un travail réalisé dans des délais raisonnables.
- La capacité de création pure, qui est la force d'un graphiste, est très difficile à faire passer en tant que tel, car elle n'est pas *palpable*. A vous de la glisser *proprement* dans l'offre, car elle a une valeur inestimable, bien souvent reconnue, mais difficilement monnayable, hélas.
- Lorsque vous faites appel aux services d'un fournisseur, comme un imprimeur par exemple, c'est vous qui avez la responsabilité de son choix, des informations que vous allez devoir lui donner, du suivi de l'impression et du résultat de sa production. Ce service a un coût, il est *normal* que vous preniez une marge bénéficiaire raisonnable sur le travail de ce fournisseur. L'organisation et la gestion de fournisseurs est un métier en soi et n'est pas à oublier dans le calcul des *heures* prestées pour une mission.
- Le document de l'offre de prix est également un document *commercial* qui doit vous permettre de vous *vendre*. Il n'y a rien de plus ennuyeux que de parcourir une énumération de rubriques et de paragraphes d'un écrit. Donnez à l'offre, un visuel graphique agréable à lire.
  Les moyens techniques informatiques actuels permettent justement de personnaliser graphiquement votre offre, n'oubliez pas que c'est exacte-

ment le service que vous *vendez* et que les documents remis au client vont certainement circuler dans l'entreprise, voire même ailleurs.

- Il est important d'être le plus complet possible et le plus précis possible dans la rédaction de l'offre de prix afin d'éviter tout malentendu ultérieur. Il n'est pas rare de joindre à l'offre un planning de l'ensemble de la mission, planning qui peut faire partie du cahier des charges.
- C'est dans l'offre de prix que vous devez annoncer la couleur sur la manière dont vous devez être rémunéré (lire le dernier volet de ce chapitre).
- Il est important de clairement mentionner ce qui est compris dans l'offre et ce qui ne l'est pas. Si vous comptez remettre trois avant-projets au client, écrivez-le sous peine de devoir en faire plus pour le même prix.
- Également important, c'est de décrire les frais exceptionnels occasionnés par la mission qui seront pris en compte et ceux qui ne le seront pas (comme les frais de déplacements ou de traductions).
- Participer, mener et gérer une réunion chez un client représente une aptitude à la maîtrise d'une situation, une aptitude à l'organisation et un certain sens de la diplomatie qui ont un prix également. Une réunion entre quatre yeux est plus facile à mener qu'une réunion autour d'une table de dix intervenants parfois farouchement opposés à votre vue de la situation. A nouveau, vos honoraires seront à adapter suivant le cas que vous *pensez* rencontrer.
- Prédire votre *pouvoir ou facilité* de création n'est pas facile, au départ la feuille est blanche ! Il arrive que les *bonnes* idées jaillissent rapidement, tant mieux pour vous, il arrive aussi que cela soit plus laborieux. Il est souvent utile de laisser reposer les projets intuitifs, de les mettre au *frigo* pendant quelques jours, cela permet de *voir* plus facilement les modifications à apporter.
  Comment estimer ce temps de création ?
  Seule, la *feuille des prestations* peut vous y aider. A chaque mission, prenez l'habitude de noter, quart d'heure par quart d'heure les tâches successives réalisées. Au fil des travaux réalisés, une *moyenne* de temps par tâche va se dégager. Cette *moyenne* vous permettra d'estimer à l'avance le temps que vous allez passer à réaliser les projets intuitifs, par exemple.

SUITE

- Bien détailler une *feuille des prestations* vous apporte deux renseignements très intéressants. Le premier vous permet de contrôler le temps que vous passez à une tâche dont vous aviez estimé la portée dans l'offre de prix. Comparez le temps estimé et le temps passé réellement à réaliser le travail vous permet d'évaluer si votre budget tient la route. Le deuxième renseignement est l'apprentissage de l'*évaluation* horaire de votre travail afin d'affiner votre organisation de travail. Vous pourrez donc mieux évaluer une prochaine mission semblable grâce à votre expérience dictée par la *feuille des prestations.*
- Remettre une offre de prix à un client ne signifie pas que l'affaire est conclue, seul un retour de votre offre dûment signée par le client est le feu vert à une collaboration.

2– Méthode de calcul du coût du travail de création d'un logo

La méthode de *calcul de prix* pour la création d'un logo n'est pas bien compliquée, l'appliquer l'est bien plus. Généralement vous serez amené à remettre une offre de prix avant d'avoir posé le moindre coup de crayon sur le papier. C'est normal, le client désire savoir ce que votre service va lui coûter avant de s 'engager.

- Pour calculer le juste prix d'une mission, vous devez avant tout savoir ce que *vous* coûtez par heure de travail ?
  Il est impossible de donner un montant comme cela dans l'absolu, cela dépend de tant de facteurs, mais vous pouvez affiner un coût horaire par calcul. Il faudra bien s'y mettre un jour, votre travail c'est la création, mais vous devez cependant posséder les tenants et aboutissants financiers.

Définir un coût horaire

Pour calculer votre coût horaire, il faut appliquer la formule suivante :

$$\text{Coût horaire} = \frac{\text{frais fixes mensuels + frais courants mensuels + gain}}{\text{20 jours ouvrables /par 8 heures}}$$

1- ***Les frais fixes :***

Ce sont les factures qui tombent à la fin de chaque mois dans votre boîte aux lettres et qui sont dues à votre activité professionnelle :

- La location des bureaux.
- L'électricité et le chauffage des locaux.
- Le recouvrement de différents emprunts comme l'emprunt contracté pour l'achat d'une voiture, l'emprunt pour l'achat d'un outil informatique (machine, logiciel, formation), etc.
- La consommation d'essence.
- Les moyens de communications comme le téléphone, le fax, le GSM, la liaison Internet...
- Les frais de comptabilité (peuvent être réduits si vous êtes indépendant).
- Une estimation de votre rémunération suivant votre niveau de vie.
- La rémunération de collaborateurs.

Cette liste varie d'une personne à l'autre.

Additionnez le montant des factures sur base mensuelle et divisez le par le nombre de jours ouvrables par mois (20) et vous obtenez un premier renseignement sur le montant de vos frais fixes par jour. Divisez ce montant journalier encore par huit (en considérant que vous travaillez quelque huit heures par jour) et vous obtenez la première partie de votre coût horaire.

2- ***Les frais courants :***

Ce sont les frais qui tombent occasionnellement, généralement quand vous devez refaire un stock de consommable.

SUITE

Les différents *consommables* comme le papier A4 ou les cartouches d'encre de votre imprimante sont des petits frais qu'on a tendance à *oublier*, pourtant, additionnés, ils représentent une belle petite somme d'argent, par facilité, il vaut mieux en tenir compte dans les *frais courants* détaillés ci-dessous :

- Le papier, les fardes, les bics...
- Les cartouches d'encre de l'imprimante.
- Le petit matériel, les adhésifs, agrafes.
- L'impression de votre papier à lettre et de vos cartes de visite
- L'achat de timbres.
- L'achat ou l'actualisation de certains logiciels ou polices de caractères.
- Des supports informatiques, ZIP, CD à graver pour la sauvegarde de vos travaux et pour envoyer aux clients...

Cette liste varie suivant votre activité, elle vous donne, après calcul, la deuxième partie de votre coût horaire.

3- ***Les gains :***
Il faut bien vivre, chaque heure prestée vous rapporte de l'argent hors frais divers. Cet argent c'est votre bas de laine, il peut être utilisé pour des investissements par exemple.

En additionnant le montant horaire des trois postes vous obtenez un montant *moyen* de votre coût horaire. Moyen, car suivant les responsabilités que vous avez dans le cadre de la mission, suivant les connaissances techniques nécessaires, suivant votre propre notoriété et votre propre expérience et suivant le nombre de personnes qui travaillent pour vous, cette estimation horaire peut encore varier.

Principe de calcul du prix d'une mission

Souvent, il arrive de sous-estimer le temps nécessaire à l'exécution d'une mission. Pourtant, l'idéal est de passer moins de temps pour boucler une mission que ce que vous avez estimé dans l'offre de prix.

La technique de calcul de prix qui se rapproche au mieux du coût réel d'une mission est de saucissonner (couper en tranches) l'ensemble de la mission, puis d'évaluer le temps à consacrer à la réalisation de chaque tranche. Ensuite il faut reconstituer le saucisson en additionnant le temps d'exécution de chaque tranche. En multipliant ce nombre d'heures estimées par le coût horaire que vous avez calculé précédemment, vous obtenez un coût global pour la mission.

À vous de voir si le prix global peut tenir la route. Il ne faut pas *tuer* le client, mais il ne faut pas non plus travailler gratuitement.

Cette technique de *saucissonnage* est effectivement simple et évidente dans son énoncé, mais l'est bien moins dans sa mise en pratique.

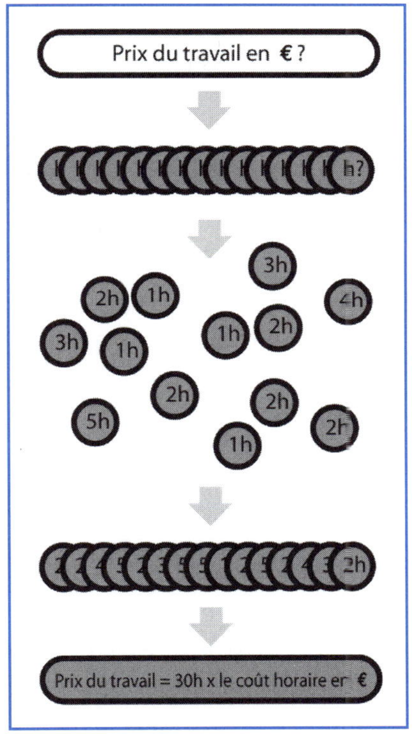

La technique de calcul de prix par saucissonnage de la mission

3 – Les modes de rémunérations

Quelle méthode de paiement appliquer ?

Il y a plusieurs méthodes de paiement possibles, elles varient suivant le contact que vous avez avec votre client, mais toutes doivent être définies avant la remise de l'offre afin de définir à l'avance les règles de rémunération.

SUITE

A- La méthode du paiement par tranches de rémunérations

La méthode de rémunération par tranches consiste à prévoir une rémunération à différentes étapes clef de l'élaboration du logo, étapes clairement définies dans la remise de prix :

- Après la première réunion et l'élaboration du cahier des charges, acompte de 30 % du montant total de l'offre lors de l'accord écrit sur la remise de prix.

- Paiement de la tranche suivante après présentation du projet définitif (étape 4 du déroulement de la méthode de production).

- Paiement du solde définitif après remise du travail de l'ensemble de la mission (étape 7 du déroulement de la méthode de production).

Le choix de cette méthode de payement par tranches dépend du nombre de collaborateurs qui travaillent avec vous et le besoin de les *rémunérer* en fin de mois. Une autre raison financière pour demander un paiement par tranches, est la taille de la société qui demande la mission. Une société nationale ou internationale qui vous appelle pour une collaboration en vue de produire un nouveau logo, vous demandera un processus de réalisation de votre mission plus long dans le temps, car il y aura plusieurs personnes, avec des pouvoirs décisionnels différents à rencontrer. Une rémunération en tranches est donc justifiée. Si vous ne travaillez qu'avec un seul interlocuteur responsable d'une petite entreprise, l'ensemble du processus de réalisation du logo peut être mené rapidement, ce qui ne justifie pas la charge administrative qu'engendre un paiement par tranches.

B- Le paiement complet, la mission une fois terminée

Cette méthode est la plus simple et la plus courante, elle consiste à facturer l'ensemble de la mission après la remise complète et définitive du travail. Le paiement s'effectue à la remise de la facture, soit au grand comptant dès réception de la facture, soit à 30, 60 ou 90 jours de la date de facturation.

Généralement, la condition de paiement est à 30 jours à partir de la date de facturation. Cette condition de paiement doit être précisée dans l'offre de prix remise en début de mission.

C- Le paiement par royalties

Cette méthode consiste à facturer une mission au prix de revient, dans un premier temps, le reste de la rémunération étant payé par étapes successives ultérieurement. Ce payement échelonné perdurera jusqu'au terme du contrat dans lequel le client s'engage au paiement d'une certaine somme d'argent à chaque utilisation de votre travail.
Le paiement par royalties est une prise de risques avec le client, puisque le fruit de votre travail vous reviendra seulement si votre client *vend ou utilise* une de vos réalisations (dans le cas de pictogrammes imprimés en autocollant par exemple).

Cette méthode de paiement entraîne un temps assez long entre la remise du travail, et la réception sonnante et trébuchante du fruit du travail.

Le paiement par royalties n'est pas conseillé, pour plusieurs raisons, la première est que vous n'avez aucun contrôle sur l'utilisation réelle de votre logo par le client (même si un contrat définit ce contrôle). La deuxième est due au développement des méthodes de communication (médias, Internet) qui ne vous permettent plus de contrôler l'usage de votre travail après l'avoir rendu à votre client. La troisième est que, dans le meilleur des cas, celui où votre client vous informe de l'usage de votre logo, cela vous demande un suivi administratif lourd à gérer. La dernière raison pour laquelle la rémunération par royalties est déconseillée est qu'il vous faut rédiger un contrat en bonne et due fome pour lequel vous devez faire appel à un avocat spécialisé en cette matière, avec les coûts que cela engendre.

L'Atelier

Création de logos et de chartes graphiques

Exemples de logos et de chartes graphiques

8

Exemples de logos et de chartes graphiques

L'OBJECTIF

Au cours de ce chapitre vous allez découvrir quelques exem-ples de logos et de chartes graphiques.

Ce chapitre, très visuel, est composé de deux parties, la première met en scène une série de logos professionnels, avec un bref mot d'explication quant à la direction de création prise. La seconde partie met en scène quelques planches de deux chartes graphiques.

SOLUTION

Poser un regard attentif sur les exemples de logos et de chartes graphiques afin d'en comprendre la genèse.

1 – Exemples de logos

Le Pictosystem

- Série de pictogrammes créés et dessinés par Luc Vanmalderen et Anne Judith Van Loock.

- Réalisation de pictos *en bonne santé.*
- Dessin positif et à caractère humain.
- Famille de pictos en version couleur.
- Correction optique du dessin pour une meilleure lisibilité de loin.
- En vignettes, quelques pictos de la version actuelle et une déclinaison en filet de contour.
- Travail réalisé en 1975.

SUITE

Le logo - exemple 1

- Logo créé et dessiné par Luc Vanmalderen.

- Travail réalisé pour les moines de l'abbaye de Maredsous.
- Représentation stylisée de l'abbaye.
- Logo destiné aux emballages des briques de fromage à pâte dure et aux bouteilles de bière.
- Logo encore utilisé aujourd'hui.
- Travail réalisé en 1965.

Le logo - exemple 2

- Logo créé et dessiné par Luc Vanmalderen.

- Travail réalisé pour la Foire internationale de Bruxelles.
- Représentation dans la partie gauche du logo de la façade principale du Heysel stylisée.
- Le **B** de droite rassemble les deux **B** de Bruxelles et Belgique.
- Travail réalisé en 1965.

Façade avant du Heysel à Bruxelles

SUITE

Le logo - exemple 3

- Logo créé et dessiné par Pascale Szonyi.

Deux entités pouvant fonctionner séparément

- Logo réalisé pour le Conseil central de l'économie et Conseil national du travail.
- Référence au cinquantenaire de Bruxelles à proximité des bureaux.
- Les visuels des deux entités fonctionnent ensemble ou séparément.
- L'interaction entre le dessus et le dessous du logo est accentué par le jeu des couleurs (bleu royal et mauve foncé).
- Travail réalisé en 2002.

Le logo - exemple 4

- Logo créé et dessiné par Pascale Szonyi.

Exclusivity

Mercedes Maybach

- Logo réalisé pour un espace de notoriété de Mercedes & Maybach situé place du Sablon à Bruxelles.
- Un carré, une forme pure pour définir un espace design & hight tech.
- Les 2 **M** (de Mercedes & Maybach) qui existent par l'absence de couleur sont soulignés par une ombre portée, cela renforce la notion d'espace et donne une assise au logo et à la puissance de la marque.
- Travail réalisé en 2003.

SUITE

Le logo - exemple 5

- Logo créé et dessiné par Jean Paternotte.

SOCOBEMA S.A.

YACHTING

- Logo réalisé pour la société SOCOBEMA, société de distribution de matériel de plaisance.
- Logo apaisant axé sur le loisir.
- Effet visuel d'espace et de départ pour l'aventure.
- Travail réalisé en 1993.

Le logo - exemple 6

- Logo créé et dessiné par Jean Paternotte.

ECONOMAT

ECONOMAT

- Logo réalisé pour la société GB FACILITIES, centrale d'achat de fournitures de bureau.
- Les deux flèches de sens opposé indiquent le trafic de marchandises entrant dans la centrale et ressortant pour être distribuées dans différents sièges.
- Apparition du **N** en négatif grâce aux deux flèches.
- Travail réalisé en 1999.

SUITE

Le logo - exemple 7

- Logo créé et dessiné par Jean Paternotte.

COPY & PRINT CENTER

COPY & PRINT CENTER

- Logo réalisé pour la société COPY & PRINT CENTER, société de service de copies couleurs et digitales.
- Ce logo est une synthèse graphique d'une pile de papiers.
- Le changement de couleur des tranches de papier fait référence à différents travaux.
- Verticalité du logo soutenu par une horizontalité donnant l'assise.
- Travail réalisé en 2001.

Le logo - exemple 8

- Logo créé et dessiné par Jean Paternotte.

- Logo réalisé pour la société GIB IMMO, filiale de GIB-GROUP, société de gestion immobilière.
- Ce logo est une représentation stylisée d'une façade de bâtiment.
- La forme courbe du dessin de la façade fait référence à l'architecture contemporaine.
- Travail réalisé en 2001.

SUITE

2– Exemples de chartes graphiques

La charte graphique - exemple 1

- La toute nouvelle charte graphique du constructeur automobile Ford, est un excellent exemple d'un travail complet, précis et élégant.
- Cette charte va soutenir le *relifting* de l'ensemble des bâtiments, garages et concessions de la marque, et ce, mondialement.
- Ce travail très professionnel allie la qualité de la présentation et l'exactitude des propos.
- Les sept visuels suivants sont tirés de la charte graphique composée de deux chemises cartonnées de format A4 horizontal.

- En bas de page, l'évolution du logo Ford.

1.02 Introduction Objectives

Retail Look and Style shows you're more than an authorised Ford dealer. It says you share Ford values – dependable, contemporary, a passion for driving quality.

Dependable

Free-standing signs are built with a rust-resistant steel box section and steel plinth for strength and high durability. Specially coated panels, with a smooth finish, are easy to clean and more resistant to weathering.

Contemporary

Three dimensional treatment for Trademark. Clear-cut functional design: 25 mm shadow gaps between panels add sculptural interest. Edge lit for all round impact.

Driving Quality

The sign process streamlines visitor communication, minimises distractions, delivers information faster.

Visuel très épuré, place importante des photos du blanc, zone de repos visuel

Henry Ford

Signature d'Henry Ford Fondateur

Ford Motor Company

1903

Ford Motor Co. Detroit. -Mich.-

1903

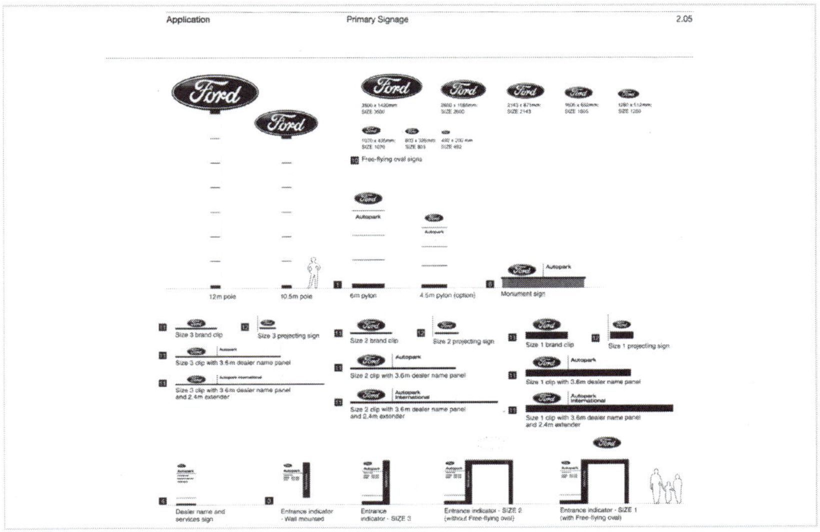

Ensemble des dispositions de la marque sur pylônes, les stèles et les enseignes

Charte composée également de visuels effectués en 3D numérique pour simuler l'architecture des futures concessions et du placement de la marque

1906

1907

1909

SUITE

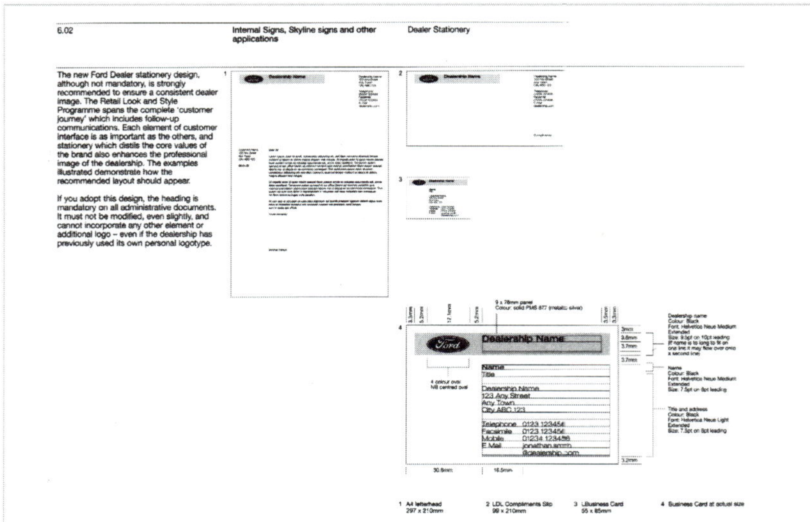

6.02 Internal Signs, Skyline signs and other applications Dealer Stationery

The new Ford Dealer stationery design, although not mandatory, is strongly recommended to ensure a consistent dealer image. The Retail Look and Style Programme spans the complete 'customer journey' which includes follow-up communications. Each element of customer interface is as important as the others, and stationery which distils the core values of the brand also enhances the professional image of the dealership. The examples illustrated demonstrate how the recommended layout should appear.

If you adopt this design, the heading is mandatory on all administrative documents. It must not be modified, even slightly, and cannot incorporate any other element or additional logo – even if the dealership has previously used its own personal logotype.

1 A4 letterhead 297 x 210mm
2 LDL Compliments Slip 99 x 210mm
3 LBusiness Card 55 x 85mm
4 Business Card at actual size

Placement de la typographie, de l'interlignage et du texte suivant une grille précise pour le papier à lettres, les cartes de visite

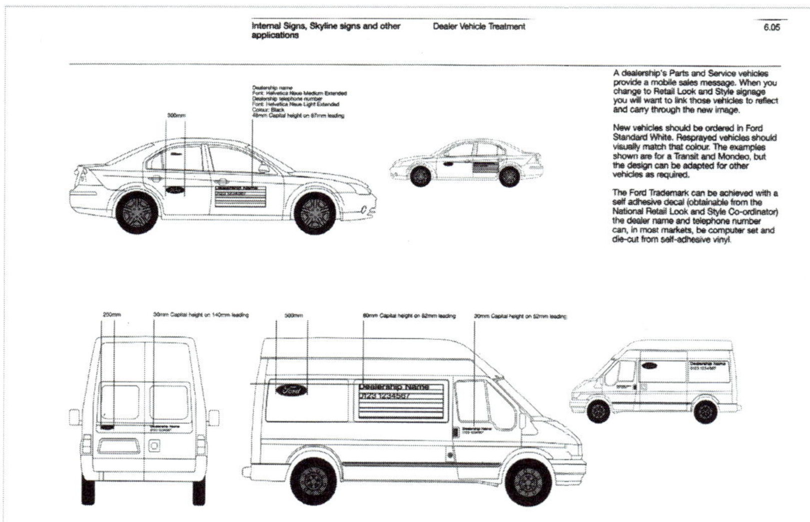

Internal Signs, Skyline signs and other applications Dealer Vehicle Treatment 6.05

A dealership's Parts and Service vehicles provide a mobile sales message. When you change to Retail Look and Style signage you will want to link those vehicles to reflect and carry through the new image.

New vehicles should be ordered in Ford Standard White. Resprayed vehicles should visually match that colour. The examples shown are for a Transit and Mondeo, but the design can be adapted for other vehicles as required.

The Ford Trademark can be achieved with a self adhesive decal (obtainable from the National Retail Look and Style Co-ordinator) the dealer name and telephone number can, in most markets, be computer set and die-cut from self-adhesive vinyl.

Placement des logos et de l'information du concessionnaire sur différents véhicules du charroi

1911

1912

1927

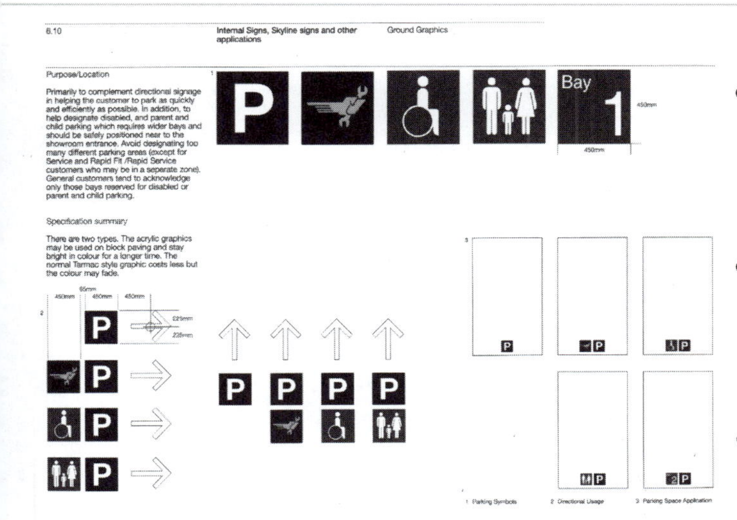

6.10 Internal Signs, Skyline signs and other applications — Ground Graphics

Purpose/Location

Primarily to complement directional signage in helping the customer to park as quickly and efficiently as possible. In addition, to help designate disabled, and parent and child parking which requires wider bays and should be safely positioned near to the showroom entrance. Avoid designating too many different parking areas (except for Service and Rapid Fit /Rapid Service customers who may be in a seperate zone). General customers tend to acknowledge only those bays reserved for disabled or parent and child parking.

Specification summary

There are two types. The acrylic graphics may be used on block paving and stay bright in colour for a longer time. The normal Tarmac style graphic costs less but the colour may fade.

Création de nouveaux pictos pour toute l'information aux clients

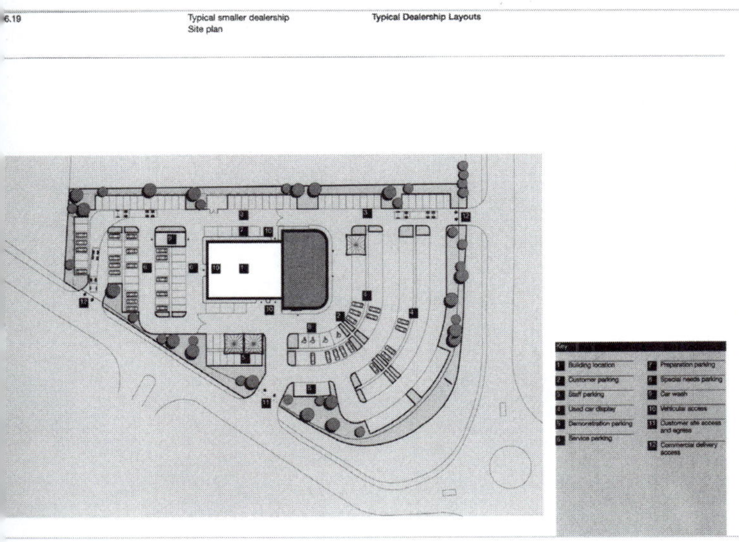

6.19 Typical smaller dealership Site plan — Typical Dealership Layouts

Plan des nouvelles implantations des concessions avec les zones de parking et le marquage au sol spécifique à Ford

1965

1982

Mars 2003

SUITE

La charte graphique - exemple 2

- La charte graphique présentée ici est celle de la police belge. cette charte vient d'être remaniée à l'occasion de la dernière réforme des Polices.
- Le visuel de la flamme, sorte de lueur protectrice, fait référence à l'ancien blason représentant le corps de gendarmerie.
- Le logo et la réalisation de la charte graphique sont l'œuvre de Pascale Szonyi.

Définition exacte des proportions du logo

Déclinaison du logo en filet de contour

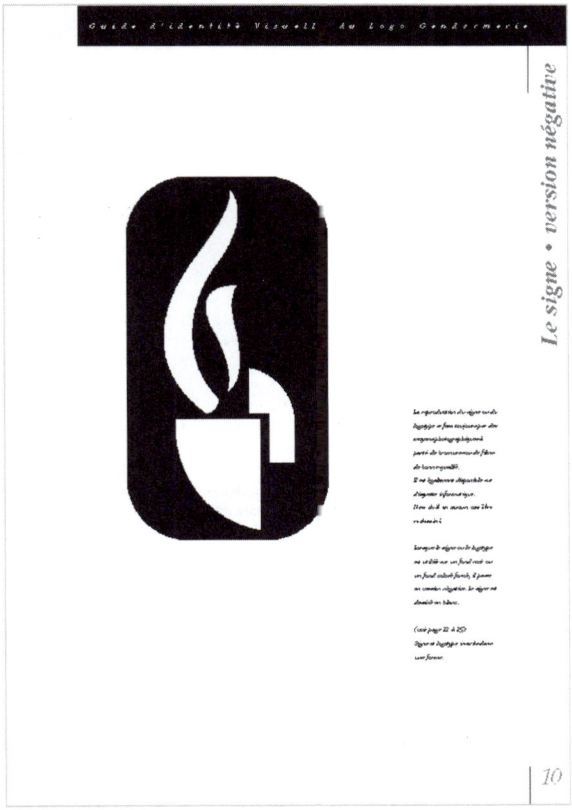

Déclinaison négative du logo

SUITE

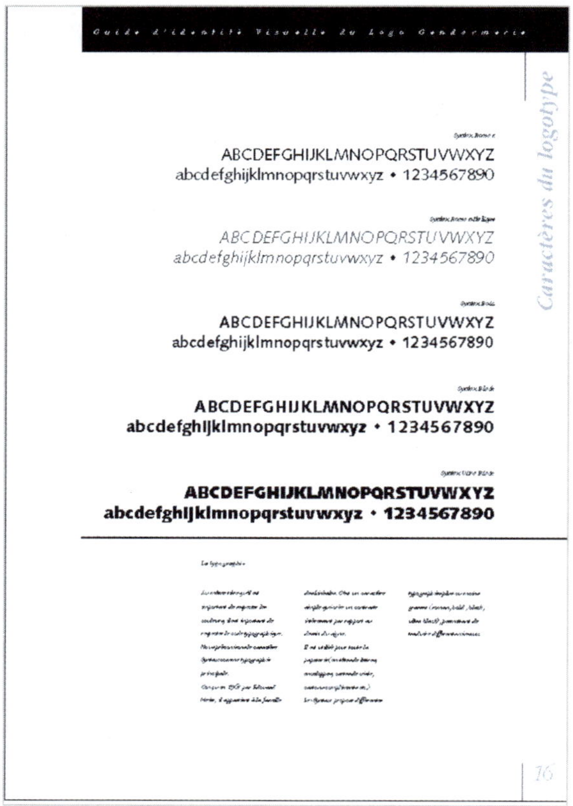

Présentation de la police de caractères spécifique utilisée pour l'ensemble de la communication

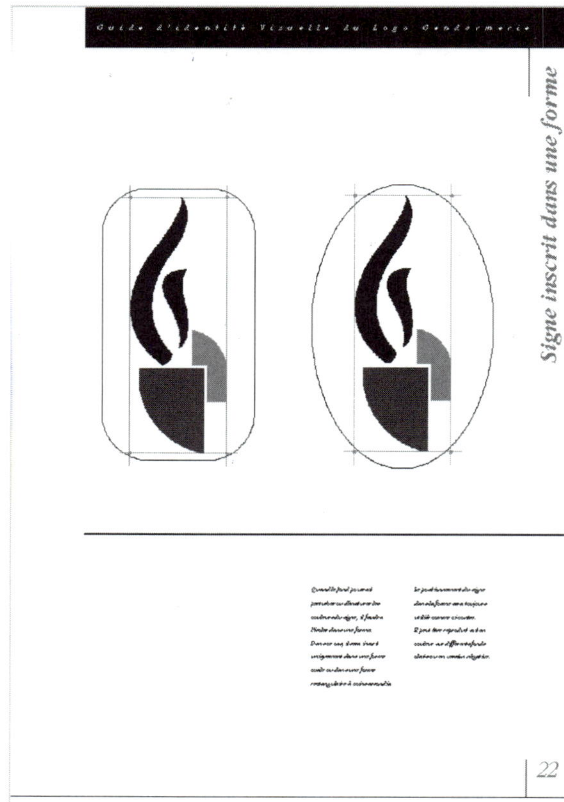

Déclinaison du logo inscrit dans différentes formes

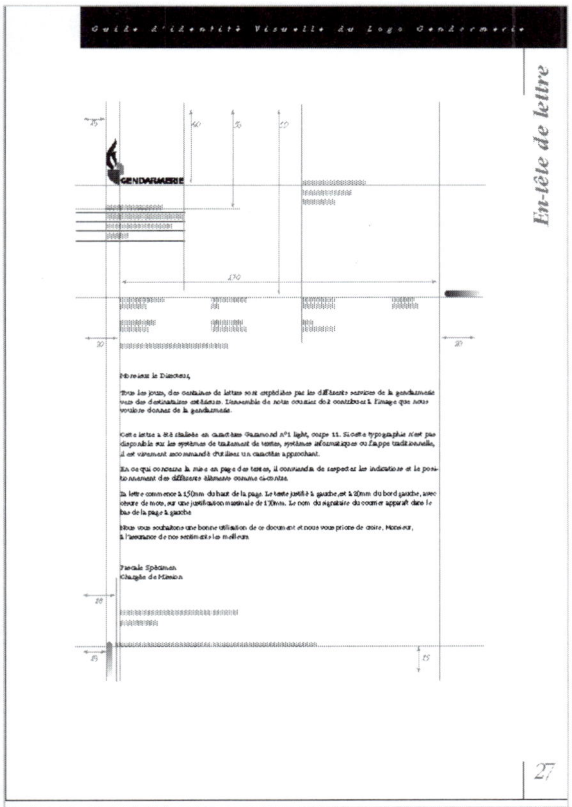

Mise en page du papier à lettres avec l'ensemble des recommandations en vue d'une production identique

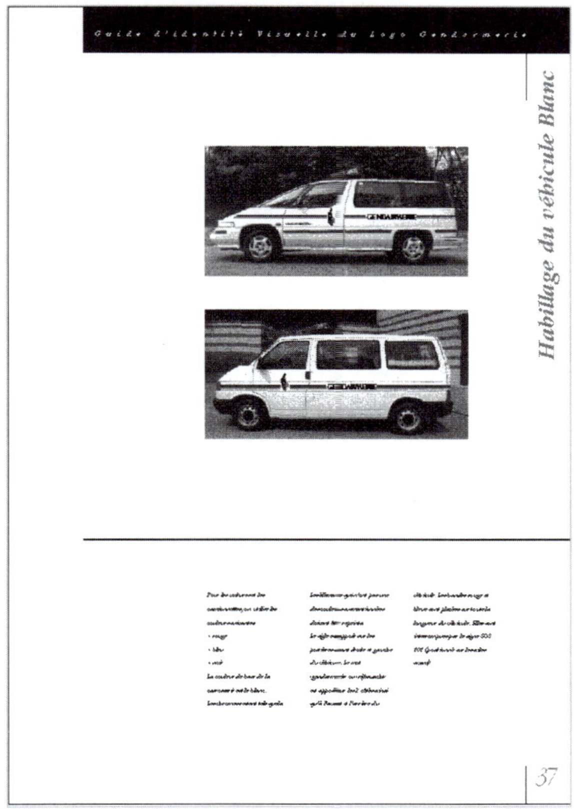

Application du logo sur le charroi

Table des matières

Index

Dépôt légal : Juin 2003 - IMPRIMÉ EN FRANCE - Achevé d'imprimer le 7 mai 2003
sur les presses de l'imprimerie «La Source d'Or» - 63200 Marsat - Imprimeur n° 11241